Karin Stückemann Daniela Toman

Landhausgärten
Rendezvous mit bewährten Klassikern

Pflanzenporträts Gartenpraxis Kreative Ideen

BUSSECOLLECTION

Inhalt

Sehnsucht Landhausgarten

Landhausgärten, Cottage-Gärten, Bauerngärten, diese Begriffe tauchen immer wieder auf und stehen in engem Zusammenhang. Doch was ist damit gemeint und woher kommt die Sehnsucht nach diesen Gärten? Ende des 18. Jahrhunderts kam mit den Landschaftsgärten ein neuer Gartenstil aus England nach Deutschland. Landschaftsgärten galten als bewusster Gegenentwurf zum bisherigen formalen Gartenstil, vor allem zu den dominierenden Barock-Gärten. Als Ergänzung zu den Landschaftsparks wurden in den Städten dann Ende des 19. Jahrhunderts Volksparks zur Ertüchtigung von Leib und Seele angelegt. Das Landleben wurde idealisiert und wer konnte, legte sich seine eigene kleine Oase an. Hier fanden die Bewohner Ruhe, Erholung und Geborgenheit. Die großen Güter legten sich Landhausgärten an, die kleineren Höfe Cottage-Gärten.

Die Sehnsucht nach Grün besteht auch heute noch. Die Luft ist zwar durchaus besser geworden, aber der Garten erdet uns nach wie vor. Es gibt nichts Schöneres als nach einem anstrengenden Arbeitstag seine Finger in die Erde zu stecken. Die Arbeiten sind vielfältig, von Gemüse aussäen und pikieren, über Stauden und Zwiebeln pflanzen, Hecke schneiden bis hin zu Blüten für die Vase pflücken oder die Kaffeetafel unter dem alten Apfelbaum decken und sich auf die Gäste freuen.

Der Landhausgarten von heute hat allerdings nicht mehr viel gemeinsam mit den Gärten der großen Landsitze. Schon allein wegen der geringeren Grundstücksgröße leitet er sich von den kleineren Cottage-Gärten ab. Egal ob in der Stadt oder auf dem Land gelegen, lassen sich Gärten mit ländlicher Atmosphäre anlegen. In ihnen wachsen Ein- und Zweijährige, Stauden, Rosen, Kletterpflanzen und Gehölze in einer bunten Mischung zusammen. Hier rückt die Pflanze in den Vordergrund. Die Beete scheinen von der Fülle an Blüten und Blättern überzuquellen. Auch Gräser in verschiedenen Ausprägungen gehören zum modernen Landhausgarten. Sie bringen vor allem im Herbst und Winter Struktur in die Flächen. Alles erscheint wild, ist jedoch von gärtnerischer Hand wohl geordnet angelegt.

Lassen Sie sich von unserer Auswahl an Pflanzen mit ihren zahlreichen Arten begeistern und ermutigen, Ihren eigenen Garten herzurichten oder zu optimieren. Verschiedene Pflanzen werden hier porträtiert, Fotos zeigen die Vielfältigkeit der einzelnen Pflanzengattungen. Tipps zur Verwendung in der Praxis machen neugierig, genauso wie kleine Dekorationsideen zum Nachahmen anregen sollen. Nicht alles wird wie erwartet funktionieren, aber gerade das macht den Reiz des Gärtnerns aus. Es lassen sich oftmals überraschende Dinge realisieren. Und es kommt vor allem darauf an, dass Sie sich in Ihrem eigenen Garten geborgen und wohl fühlen. Dann ist das Ziel erreicht.

Wir wünschen Ihnen viel Freude an Ihrem Landhausgarten!

Karin Stückemann und Daniela Toman

Blütenfreude
in Frühlingstagen

Die Gruppe der Zwiebelpflanzen für den Frühling ist artenreich und vielfältig. Sie bilden Speicherorgane in Form von Zwiebeln aus, in denen sie nach der Blüte Nahrungsreserven für die nächste Wachstumsperiode speichern.

Frühlings-träume
in Farbe

Durch ihre Eigenschaft, zu einem bestimmten Zeitpunkt zu erscheinen und danach wieder zu verschwinden, sind die Zwiebelgewächse perfekte Partner in Stauden- und Gehölz-beeten.

Tulpen, Narzissen und Krokusse sind die bekanntesten frühlingsblühenden Pflanzen aus dieser Gruppe. Doch auch seltener verwendete Arten wie Schachbrettblume, Kaiserkrone, Iris und Blaustern haben unsere Beachtung verdient. Die im Herbst blühenden Vertreter sind hier nicht aufgeführt.

Für jeden Standort gibt es ein passendes Gewächs. Ob nasses oder trockenes, sonniges oder schattiges, bewaldetes oder offenes Gelände, fast jeder Platz ist für die ein oder andere Zwiebelart geeignet.

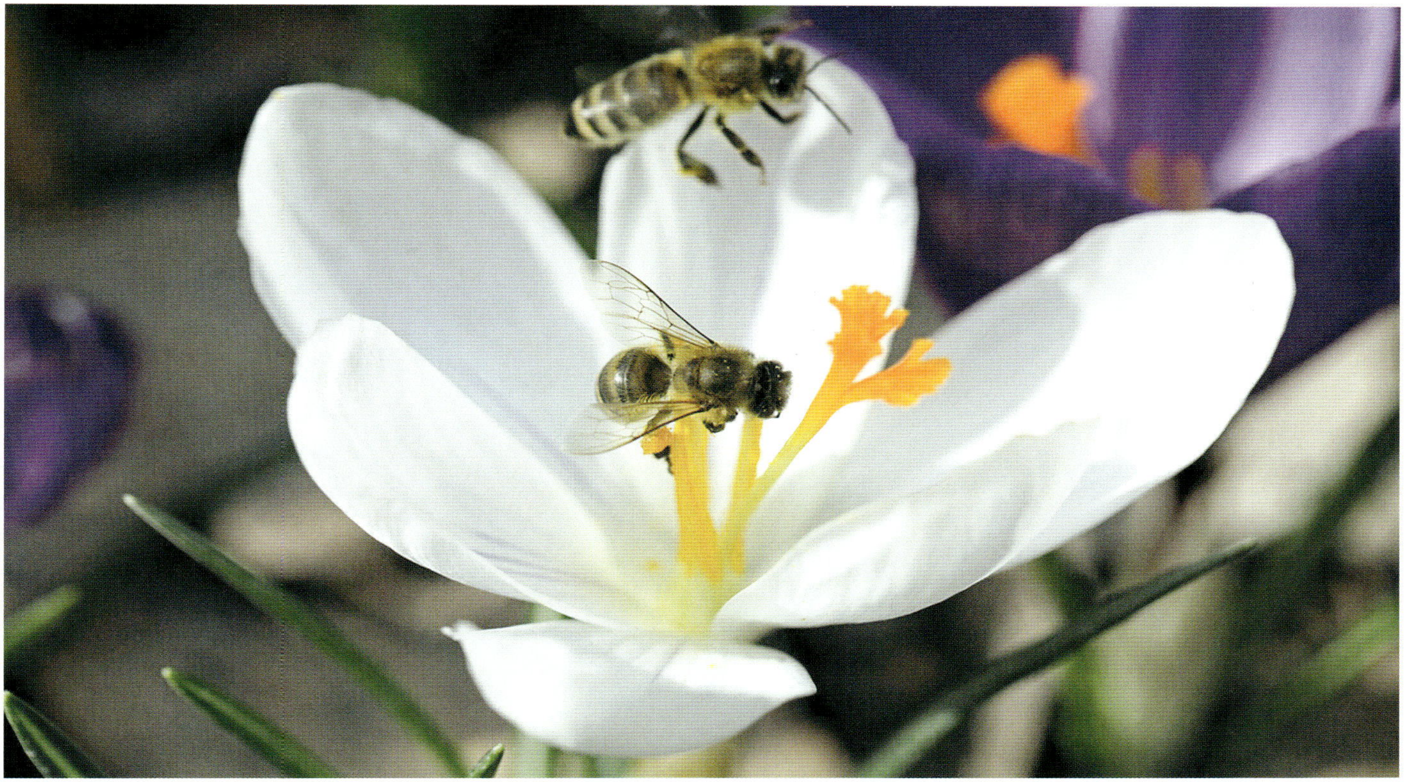

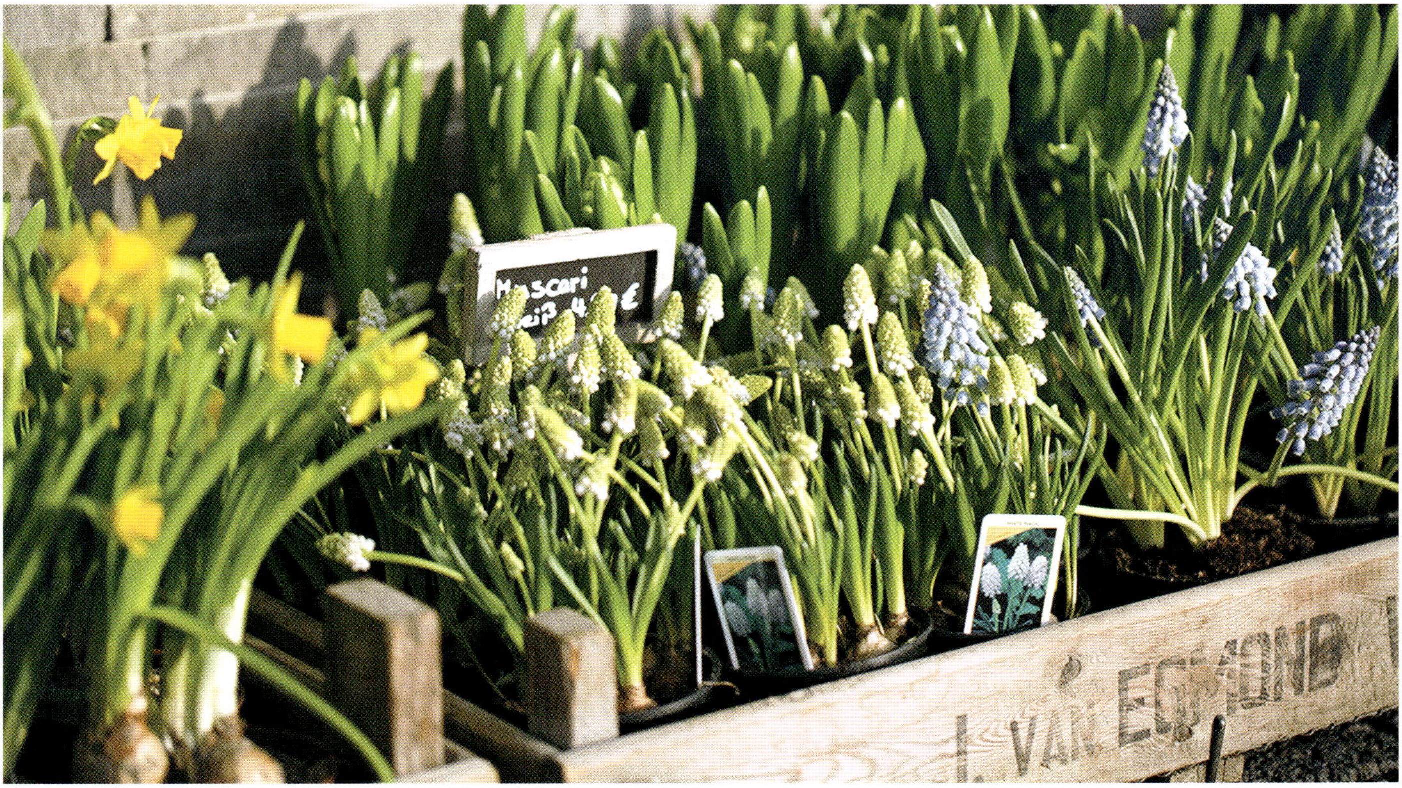
VAN EGMOND

Die bewegte
Geschichte
der Blumenzwiebel

Blumenzwiebeln sind bei uns seit Jahrhunderten verbreitet. In den Niederlanden und Deutschland gibt es sogar heimische Vertreter ihrer Art. Die meisten Blumenzwiebeln wurden jedoch vor langer Zeit eingeführt. Die Tulpe reiste um die ganze Welt, bevor sie zum Symbol der Niederlande wurde.

Um 1550 wurden die ersten Zwiebeln aus der Türkei nach Holland mitgebracht. Niemand kannte zu dem Zeitpunkt diese wunderbaren Pflanzen, die schon im Winter verführerisch blühten. Im frühen 17. Jahrhundert erfasste Westeuropa dann ein Spekulationsfieber – die Tulpenmanie, während derer Tulpenzwiebeln wie Aktien und Grundbesitz gehandelt wurden. Dieser Wahnsinn erreichte schließlich in den Niederlanden seinen Höhepunkt. In nur kurzer Zeit erzielte eine einzige Zwiebel den Wert eines Geschäftshauses, einer Brauerei oder Mühle. Aber nach kurzer Zeit erkrankten die „besonderen" Tulpen an einem Virus. Die Zwiebeln verfaulten und wurden wertlos.
Im Frühjahr 1637 brach der Markt zusammen, die Blase platzte. Menschen, die über Nacht reich geworden waren, wurden gleichfalls über Nacht wieder arm.

Tipp:

Wilde Zwiebeln

Viele der im Frühjahr blühenden Zwiebelpflanzen, wie Krokusse, Narzissen und botanische Tulpen, sind sehr gut zum Verwildern geeignet. Sie werden etwas tiefer gepflanzt als die gezüchteten Arten. Die Pflanztiefe sollte etwa 3- bis 4-mal so tief wie die Zwiebel hoch ist sein. Damit das Pflanzbild im nächsten Frühjahr natürlich aussieht, werden die Zwiebeln vor allem im Rasen nicht wie bei den gezüchteten Sorten in Gruppen gepflanzt, sondern locker ausgestreut und dort eingegraben, wo sie zufällig landen. Am besten eignen sich hier frühblühende Arten, da sie im Rasen bzw. in Rasenpartien erst 6 Wochen nach der Blüte gemäht werden dürfen.

Fröhliche
Gesellen
im Garten

Damit Jahr für Jahr der Garten im Frühjahr in bunter Pracht erstrahlt, bedarf es einiger Pflanz- und Pflegehinweise.

Pflanzung

Frühlingszwiebeln werden im Herbst von September bis November gepflanzt. Sobald sie im Boden sind, fangen die Pflanzen an ihre Blatt- und Blütenanlagen anzulegen, ihre Wurzel wachsen rasch und der Stängel fängt an zu sprossen. Ist die Pflanze dicht unter der Erdoberfläche angekommen, kommt das Wachstum zum Stillstand. Erst nach dem letzten Frost schieben sich die grünen Triebe aus dem Boden.

Die meisten Frühlingszwiebeln lieben die Sonne und sollten deshalb an einen geeigneten Platz gesetzt werden. Dabei ist die optimale Pflanztiefe der Zwiebel zweimal so tief wie sie hoch ist und in zwei bis drei Zwiebelbreiten Abstand voneinander. Für kleinere Zwiebeln hebt man eine flächige Grube aus und pflanzt sie in größeren Gruppen. Größere Zwiebeln setzt man einzeln mit einer Pflanzschaufel oder einem Pflanzholz. Im Rasen wird eine Rasensode in passender Größe abgestochen, die Zwiebeln werden in den Boden gesteckt und mit der Sode wieder abgedeckt.

Garten-praxis

Bewässerung

Nach dem Einpflanzen muss der Boden gründlich angefeuchtet werden, damit das Erdreich durch das Wasser bis an die Wurzeln gespült wird. Während der Wachstumsphase benötigen Zwiebelpflanzen ausreichend Feuchtigkeit. Ist das Frühjahr ausgesprochen trocken, muss gewässert werden. Staunässe ist wie bei fast allen Pflanzen auch bei den Zwiebelgewächsen zu vermeiden. Sonst verfaulen die Organe und gehen ein.

Düngung

Eine leichte Düngung mit Kompost oder einem anderen organischen Dünger ist während der Pflanzung zu empfehlen. In den Folgejahren, zu Beginn der Wachstumszeit, sollten die Flächen schwach gedüngt werden und zu Beginn der Blütezeit ein spezieller Blühdünger Anwendung finden. Zum Ende der Wachstumszeit benötigen die Zwiebeln erneut eine schwache Düngergabe, um für das nächste Jahr gespeichert zu werden. Kalk verbessert saure Böden. Die Gabe sollte 2 bis 3 Wochen vor dem Düngen erfolgen, weil der Kalk den Stickstoff sonst sofort freisetzt, bevor ihn die Pflanze nutzen kann.

Schnitt

Verwelkte Blütenköpfe müssen regelmäßig abgeschnitten werden, damit die Pflanze keine unnötige Energie zur Samenbildung aufwenden muss. Das Laub dagegen darf nicht entfernt werden, sondern sollte stehen bleiben, bis es ganz abgestorben ist. Damit es im Beet ordentlicher aussieht, können die langen schmalen Blätter der Narzisse zu dekorativen Zöpfen geflochten werden. Wird zu früh abgeschnitten, bilden sich im nächsten Jahr nur Blätter.

Ausgraben

Empfindliche Tulpensorten überleben es nicht, wenn man ihre Zwiebeln nach der Blüte im Boden lässt. Deshalb ist es am besten, die Zwiebeln auszugraben und zu lagern. Dazu werden die Blütenstängel abgeschnitten und die Zwiebeln vorsichtig mit einer Grabegabel aus dem Boden gehoben. Danach werden sie samt Blättern flach und dicht an dicht in eine Holzkiste gelegt und an einem dunklen, trockenen und kühlen Ort aufbewahrt. Dies empfiehlt sich besonders, wenn die Erde im Sommer schlecht trocknet und somit Fäulnisgefahr besteht. Im Herbst werden die Zwiebeln dann wieder neu gepflanzt.

Die Schneeglöckchen (*Galanthus nivalis* und *Galanthus elwesii*) gehören zu den Pflanzen, die schon im Spätwinter ihre Blüten öffnen. Sie lassen sich nicht von Schnee und Frost schrecken. Jede Blüte besteht aus drei längeren, reinweißen äußeren und drei grünspitzigen, inneren Blütenblättern. Schneeglöckchen gedeihen unter laubabwerfenden Bäumen besonders gut oder man lässt sie im Rasen verwildern.

Der Märzenbecher (*Leucojum vernum*) ist eine europäische Wildblume. Sie blüht früh im Jahr, mit der Hauptblüte im März und ist für Steingärten und unter laubabwerfenden Bäumen gut geeignet. Der Märzenbecher hat weiße Blüten mit grünen Spitzen, die einzeln an 10 bis 15 cm hohen Stängeln hängen. Es dürfen nur Zwiebeln aus dem Handel verwendet werden, da die Pflanzen unter Naturschutz stehen.

Die Traubenhyazinthe (*Muscaria*) ist eine der wenigen im Frühling blühenden Zwiebelpflanzen, die nur eine geringe Pflege benötigt. Winzige, süß duftende Blüten stehen in 5 bis 15 cm langen Trauben dicht beieinander. Die Pflanzen sollten ungestört im Boden bleiben, damit sie sich zu einem Farbteppich entwickeln können. Sie vermehren sich durch Selbstaussaat.

Garten-Hyazinthen (*Hyacinthus orientalis*) verströmen einen süßen, durchdringenden Geruch. Nicht jeder mag deshalb diese Pflanze in der Wohnung haben. Dieser schöne Frühlingsblüher wird bis zu 30 cm hoch und bringt 15 bis 20 cm lange, dichte Trauben aus einfachen oder gefüllten Blüten hervor. Das Farbspektrum reicht von Weiß, über Hellrosa bis tief Purpur und Blassblau bis Dunkelblau.

Die Gruppe der *Tulpen* (*Tulipa*) umfasst heute über 4000 benannte Kultursorten, von denen einige Hundert im Handel sind. Sie dürfen in keinem Frühlingsgarten fehlen, da sie von März bis Anfang Juni in einem breiten Farbspektrum teils spektakulär blühen.
Neben den Zuchtformen sind auch die Wildtulpen gerade für Steingärten eine sehr schöne Pflanze. Ihre Größen variieren je nach Sorte zwischen 10 bis 70 cm.

Der *Sibirische Blaustern* (*Scilla siberica*) lässt sich wunderbar in Beeten und auf Rasenflächen zum Verwildern auspflanzen. Am häufigsten begegnen wir ihm in der Farbe Blau, aber auch Weiß und Rosa bis hin zu Purpur sind im Handel erhältlich. An den 15 bis 20 cm hoch werdenden Stängeln hängen 1 bis 2 cm große Blüten. Der Vorteil ist, dass der Blaustern in voller Sonne ebenso wie im tiefen Schatten gedeihen kann.

Die meisten *Narzissenarten* (*Narcissus*) überdauern nicht nur viele Jahr bei geringem Pflegeaufwand, sondern blühen in jedem Frühjahr noch üppiger. Erst nach einigen Jahren, wenn die Blütenanzahl wieder abnimmt, sollten die Zwiebeln vorsichtig ausgegraben und neu ausgepflanzt werden. Von kleinwüchsig bis hin zu den großwachsenden Arten ist alles dabei. Von fast Reinweiß bis hin zu Dunkelgelb gibt es zahlreiche, verschiedene Farbmischungen.

Im Frühjahr sprießen die 30 cm hohen Stängel der *Schachbrettblume* (*Fritillaria meleagris*) aus dem Boden. An ihrem Ende hängen glockenförmige, schachbrettartig gemusterte Blüten in den Farben Purpur und Weiß. Diese Zwiebelart ist eine Lichtpflanze. Sie braucht einen sonnigen Standort und erträgt nur in Grenzen Beschattung. Der Boden sollte feucht sein (oder häufig gegossen werden), gegen längere Trockenheit ist sie nicht allzu widerstandsfähig.

Ein Lob auf die
Hyazinthe

Keine duftet so süß und intensiv wie die Garten-Hyazinthen. Sie fanden schon frühzeitig Eingang in Dichtungen und Legenden. Hyakinthos von Amyklei wird in der griechischen Mythologie als auffallend hübscher Knabe beschrieben. Er war der Geliebte von Apollon, doch auch der Windgott Zephyr hatte ein Auge auf ihn geworfen.

Als Apollon und Hyakinthos sich beim gemeinsamen Diskuswerfen vergnügten, lenkte der eifersüchtige Zephyr den von Apollon geworfenen Diskus mit seinem Atem so stark ab, dass er Hyakinthos tödlich am Kopf traf. Der tieftraurige Apollon ließ aus dem Blut seines toten Freundes eine Blume sprießen, die jedes Jahr aufs Neue blüht und ihn an seinen Geliebten erinnert. Aber mit Mythen ist das so eine Sache. In Griechenland gab es zwar eine Fülle an wilden Hyazinthen, im größeren Umfang wurden sie jedoch zuerst im Mittleren Osten kultiviert.

Eine kreative Idee in der Natur

Die Gattung *Galanthus*, das Schneeglöckchen, mit seinen weiß-grünen Blüten hat etwa 20 Arten und viele Unterarten. Der botanische Name ist abgeleitet aus den griechischen Wörtern *gála* für Milch und *ánthos* für Blüte. Das Schneeglöckchen streckt in unseren Gärten schon oft im tiefen Winter seine grünen Spitzen durch die Schneedecke. Die zierlichen Stängel machen sich gut in einer silbernen Vase. Doch aufgepasst, das Schneeglöckchen steht auf der Liste der gefährdeten Arten und darf nur aus dem kultivierten Bestand und nicht in der freien Natur gepflückt werden.

Dahlien
Die Formschönen

Rund 35 Arten dieser attraktiven, vielfältigen und liebreizenden Pflanzen verzaubern uns mit ihren unterschiedlichen Blütenformen und den leuchtenden Farben.

Großartige
Blütenformen
und tolle Farben

Die Heimat der Dahlien sind die Hochebenen Mexikos und Guatemalas. Ende des 16. Jahrhunderts finden sich die ersten schriftlichen Aufzeichnungen des spanischen Arztes Francisco Hernandez. Die ersten Pflanzen gelangten jedoch erst 1789 nach Madrid. Der Hofgärtner König Karls IV. von Spanien ließ sie streng bewachen. Kein Wunder. Wenn der Garten den Eindruck macht, als hätte er sich bereits verausgabt, lassen ihn die Dahlien noch einmal in frischer Farbenpracht erstrahlen. Sie blühen von Mittsommer bis zum ersten Frost. Je kühler die Nächte, desto farbenprächtiger erscheinen die Blüten.

Die Dahlienblüten können Köpfe hervorbringen, deren Durchmesser sortenabhängig zwischen der Größe eines Eierbechers und der eines Suppentellers variiert. Die Blütenfarben reichen von Weiß, über verschiedene Gelb-, Orange- und Rottöne bis hin zur Purpurfarbe. Bisher ist es noch nicht gelungen, die Farbe Blau zu züchten, obwohl dies seit Jahren versucht wird. Das Schöne an den Dahlien ist, je mehr Blütenköpfe man schneidet, desto üppiger blühen die Pflanzen. Der Vorrat für die heimische Vase ist gesichert und reicht für zahlreiche Sträuße zum Verschenken.

Die Namen der Garten-Dahlien sind zum Teil äußerst amüsant formuliert. So gibt es die Halskrausen-Dahlie, die Semikaktus-Dahlie und die Pompon-Dahlie. Insgesamt werden 10 Sortengruppen unterschieden und es sind um die 20.000 Sorten bekannt. Das erklärt auch, warum der echte Dahlienfreund zum Fanatiker werden kann.

Die Blütenblätter der *Semikaktus-Dahlien* laufen – wie bei den Kaktusdahlien – spitz zu, sind aber nur an den Spitzen nach hinten aufgerollt. Zum größten Teil sind die Blüten flach. Die hier abgebildete dunkel purpur blühende Sorte 'Nostalgia' wird etwa 120 cm hoch und begeistert nicht nur auf der Insel Mainau die Betrachter.

Die äußeren Blütenblätter lassen den Namen dieser Sortengruppe erklären. Es handelt sich um die *Halskrausen-Dahlien*. Es sieht so aus, als bildeten die Blüten eine Halskrause um die Blütenmitte herum. Bei vielen Pflanzen stehen Menschen mit ihrem Namen Pate. So heißt diese Sorte 'Michael Rösch', nach einem belgischen Biathleten deutscher Herkunft.

Anemonenblütige Dahlien haben Blüten mit einem oder mehreren äußeren Ringen von meist flachen Blütenblättern, die eine dichte Gruppe von Röhrenblüten umrahmen. Die Randblüten der Sorte 'Polka' haben eine zartrosa Farbe, die mittleren Blütenblätter sind gelb. Diese Dahlie wird ca. 60 cm hoch und benötigt keinerlei Stütze.

Seerosenblütige Dahlien haben wie Schmuck-Dahlien gefüllte Blüten, jedoch meist größere Blütenblätter, welche um die Längsachse nach innen oder außen gerollt sind. Sie sind sehr empfehlenswert für den Schnitt. Ihre schalenförmigen Blütenblätter haben zum Vergleich mit einer Seerose geführt. Die Sorte 'Traute' blüht in einem leuchtenden Orange-Rot.

Das Pflanzen von

Dahlien

Dahlien sind wahre Sonnenanbeter. Unter Bäumen und an Gehölzrändern wachsen sie nur schwach. Wie fast alle Pflanzen vertragen sie keine Staunässe. Lehmböden müssen deshalb mit Sand aufbereitet werden. Am besten wird der Boden bereits im Herbst gründlich umgegraben oder mit einer Grabegabel möglichst tief aufgelockert. Das Einarbeiten von gut verrottetem Stallmist hat sich dabei bewährt.

Kurz vor dem Pflanzen im Frühjahr sollte ein organischer oder mineralischer Dünger eingebracht werden. Auch hier gilt es, vorher mittels Bodenprobe die notwendigen Düngegaben bestimmen zu lassen. Je nach Witterung werden die Knollen von Mitte bis Ende April ausgepflanzt, eine spätere Pflanzung im Mai ist auch möglich. Nun ist der richtige Zeitpunkt für eine vegetative Vermehrung. Mit dem Spaten wird je nach Größe der Wurzelknolle ein ausreichend tiefes Loch ausgehoben und die Knolle waagerecht hineingelegt. Die Pflanztiefe beträgt etwa 5 bis 10 cm. Nach der Pflanzung dürfen die Knollen nicht gegossen werden, ausgenommen der Boden ist sehr trocken oder bei einer späten Pflanzung, sonst besteht Fäulnisgefahr.

Vermehren

Dahlienknollen werden am besten im Frühjahr durch Zerlegen vermehrt. Dabei muss sich an jeder Wurzelknolle ein Stück des alten Stängels mit mindestens einer Knospe befinden. So erhält man sortenreine Pflanzen. Man kann die Knollen auseinander brechen, besser ist es jedoch mit einem scharfen Messer zu arbeiten.

Garten-praxis

24

Zum Schutz vor Infektionen behandelt man die Schnittflächen mit einem Fungizid. Die zweite Möglichkeit ist die generative Vermehrung über Aussaat. Dazu im Sommer die verblühten Samenstände aufsammeln und die Samen aussäen. So entsteht ein Sortenmix aus neuen und bekannten Dahliensorten. Die dritte Methode, das Bilden von Stecklingen, wird in Dahlienzuchtbetrieben durchgeführt.

Düngung

Während der Vegetationszeit werden die Pflanzen mit einem organischen oder mineralischen Volldünger gedüngt. Am besten beginnt man damit ca. 2 bis 3 Wochen nach Erscheinen der ersten Triebe, also etwa Anfang Juni. Nach Ende Juli sollte keine Düngung mehr erfolgen, um die Knollenausreifung und Haltbarkeit nicht zu gefährden.

Lagern der Knollen

Dahlien besitzen Wurzelknollen. Dies sind echte Wurzeln, die Nährstoffe direkt im Gewebe speichern und nicht wie die Zwiebeln im Stängel- oder Blattgewebe. Die Knollen sind abgewandelte fleischige Wurzeln, die nicht selber Wasser aufnehmen. Sie verfügen über ein System von Faserwurzeln, über die Feuchtigkeit und Nährstoffe aus dem Boden aufgenommen werden. Diese Knollen müssen, wenn es kalt wird, ausgegraben und ins Haus gebracht werden. Das geschieht am besten ab Ende Oktober, wenn das Laub verwelkt ist. Nach dem Herausnehmen schneidet man die Stängel ca. 5 cm über dem Wurzelhals ab, lässt die Knollen 1 bis 2 Wochen an einem schattigen und luftigen Ort trocknen und entfernt danach vorsichtig die noch anhaftende Erde. Jedoch nicht abwaschen. Dann verstaut man die Wurzeln an einem kühlen, frostfreien und dunklen Ort nebeneinanderliegend. Optimal sind 4 bis 7 °C. Viel wärmer sollte die Umgebung nicht sein,

da sonst die Knollen schon im Winterquartier wieder austreiben. Sollte die Umgebungsluft kälter sein, kann man die Knollen mit Sägespänen oder ein bisschen Laub abdecken. Die einzelnen Wurzelknollen dürfen sich nicht berühren, damit sie nicht anfangen zu faulen. Überwintert werden nur die gesunden, unverletzten Dahlien. Wem das ständige Aus- und Eingraben und Lagern der Dahlien zuviel wird, kann die Knollen auch direkt in Blumenkübel mit entsprechend aufbereiteter Erde pflanzen und diese nach der oben beschriebenen Weise überwintern. Auf Dauer muss jedoch ein Bodenaustausch in den Töpfen erfolgen. Aber einen Versuch ist es wert.

Krankheiten

Dahlien werden nur bei ungünstigen Klimabedingungen krank. Sie können in warmen, regenreichen Sommern für den Befall mit Echtem Mehltau und der Blattfleckenkrankheit *Entyloma* anfällig sein. Im Allgemeinen ist auf eine gute Durchlüftung der Pflanzung zu achten, in dem man die Standweite groß genug wählt und große Dahlien rechtzeitig aufbindet.

Schädlinge

Blattläuse und Blattwanzen treten bei Dahlien gern und oft auf. Besonders bei Blattläusen braucht man sich keine Sorgen zu machen, da in der Regel bis Mitte Juli die Population von Marienkäfern und anderen Nützlingen so groß ist, dass die meisten Blattläuse vernichtet werden. Nacktschnecken sind ein größeres Problem. Sie müssen unbedingt bekämpft werden. Helfen können dabei Weinbergschnecken, die mit Vorliebe junge Nacktschnecken fressen, oder sogenannte Schnegel, die ebenfalls gern die Gelege der Nacktschnecken verspeisen.

Kombinationen mit
Dahlien
und Begleitern

Häufig finden wir ganze Dahlienbeete in den Gärten. Dort stehen sie in Reihe und Glied und warten nur darauf, für die Blumenvase geschnitten zu werden. Dabei wird ganz vergessen, dass Dahlien auch in Staudenbeete eingemischt sehr gut wirken.

Hier sind jedoch unbedingt Standort und Bodenverhältnisse zu beachten. Passende Begleiter sind unterschiedlich hohe Stauden und Einjährige, die gern sonnig stehen und trockenere Böden mögen. Im Gemüsegarten, zwischen Rhabarber und Zitronenmelisse, fühlen sich Dahlien ebenso wohl. Auch hier können die Blütenköpfe geschnitten werden, ohne auffällige Lücken zu hinterlassen.

Wer Blüten für die Vase schneiden will, darf weder voll Erblühte auswählen noch solche, bei denen die Knospen fest geschlossen sind. Am besten nimmt man Blüten, die sich gerade öffnen. Der Schnitt sollte am Morgen oder am späten Nachmittag erfolgen, dann halten sich die Blüten länger.

Tipp:

Dahlien farblich abstimmen
oder kunterbunt mischen

Ganz egal, ob die Beete in verschiedenen
Farben und mit unterschiedlichen Blütenformen bunt durcheinander gemischt
gepflanzt werden oder die farbliche Ab-
stimmung perfektioniert wird, sie sind
immer eine wahre Pracht.

Garten-Gladiolen
Die Bildschönen

Diese wunderschönen, aufrecht wachsenden Zwiebelgewächse sind mit ihren auffälligen und farbenprächtigen Blütenständen besonders als Schnittblume sehr beliebt. Gezüchtet werden sie vor allem in Großbritannien, den Niederlanden, Nordamerika und in Deutschland.

Bunte
Hingucker
– einfach schön

Bei uns sind die Hybriden aus der Gruppe der Garten-Gladiolen (*Gladiolus × hortulanus*) vor allem in Gärtnereien mit Feldanbau für Schnittblumen in Kultur zu finden. Doch auch in unseren Gärten werden sie zunehmend angepflanzt, und das zu Recht. Sie sind großblütig und in allen Regenbogenfarben erhältlich. Die Blütezeit reicht von Juni bis Oktober. Diese Gladiolen gehen auf zahlreiche südafrikanische Elternarten zurück. Die Garten-Gladiole stellt eine Hybridgruppe aus mehreren Gladiolenarten dar. Diese Arten wurden ab Ende des 17. Jahrhunderts in Europa eingeführt. Mittlerweile sind über 10.000 Sorten entstanden, von denen viele wieder vergessen sind, es entstehen jedoch ständig neue.

Gladiolen werden auch als Sonnenanbeter, Schwertblumen oder blühende Schwerter bezeichnet. Das ist nicht weiter verwunderlich, diese Pflanze liebt die Sonne. Und der botanische Gattungsname *Gladiolus* leitet sich aus dem Lateinischen ab, *gladius* bedeutet Schwert.

Das Pflanzen von

Gladiolen

Die Überdauerungsorgane der Gladiolen sind keine echten Zwiebeln, sondern Rhizomknollen. Diese werden dreimal so tief eingegraben, wie ihr Durchmesser an der breitesten Stelle beträgt. Eigentlich kann man fast nichts falsch machen. Rhizomknollen verfügen über die Fähigkeit, sich der für sie richtigen Tiefe mit Hilfe der Wurzeln anzupassen. So haben Gladiolen zwei Wurzelsysteme. Eines dient vorwiegend der Ernährung der Pflanze. Das andere ist dafür da, die Knolle in die richtige Lage und Tiefe zu bringen, in der sie am besten vor Frost geschützt ist. Die beste Pflanzzeit ist von Mitte April bis spätestens Anfang Juni.

Die Gladiole in extra Schnittblumenbeeten anzupflanzen, ist nach wie vor die beliebteste Art der Verwendung. Doch in Kombination mit Stauden und Kleingehölzen werden die Beete besonders im Spätsommer zu einem farbenprächtigen Feuerwerk. Wichtig ist der richtige Standort, aber auch ein nützlicher Pflegetipp sollte bedacht werden. Die unteren Blüten eines jeden Standes erblühen und vergehen, bevor sich die oberen öffnen. Die verwelkten Blütenteile sollten entfernt werden, sonst können Gladiolen schnell einen ungepflegten Eindruck machen. Also heißt es, regelmäßig die Beete kontrollieren und verblühte Blüten abzupfen.

Gladiolen in der Vase

Sollen sich die Blüten in einem Strauß alle gleichzeitig öffnen, kneift man die oberste oder die beiden oberen Knospen ab. Dies scheint die verbleibenden Knospen anzuregen, sich alle gleichzeitig zu öffnen.

Garten-praxis

Düngen

Wie bei den Dahlien, gibt man den Gladiolen während der Vegetationszeit mineralischen oder organischen Dünger. Je eine Gabe zwei und sieben Wochen nach dem Setzen der Zwiebeln sorgt für ein besseres Wachstum. Doch Vorsicht bei der Verwendung von frischem Humus oder Mist. Die darin lebenden Pilze und Bakterien könnten die Gladiolen krank machen.

Lagern der Knollen

Ebenso wie bei den Dahlien, lässt die mangelnde Winterhärte es nicht zu, die Pflanzen das ganze Jahr im Boden zu belassen. Die Saison ist zeitgleich im Oktober zu Ende. Die Schwertblumen werden ausgegraben, Blätter und Erde entfernt und 1 bis 2 Wochen lang getrocknet. Verschrumpelte Pflanzenteile werden abgebrochen und die abgestorbenen äußeren Schichten entfernt, um dann die Knollen an einem dunklen und frostfreien Platz zu überwintern. 10° C und weniger sind optimal. Zur Aufbewahrung können die Knollen in einem feinmaschigen Netz oder einer Nylonstrumpfhose aufgehängt werden.

Krankheiten

Auch Garten-Gladiolen können krank werden. Lackschorf, Nassfäule, Botrytis-Grauschimmel, Septoria-Knollenfäule und Blattflecken sowie der Weißstreifen-Mosaik-Virus sind die wichtigsten, die zu nennen sind. Sollten Pflanzen Veränderungen aufweisen, muss die Krankheit spezifiziert und die passende Maßnahme ergriffen werden.

Schädlinge

Beliebt sind Gladiolen leider auch bei Thripsen, auch Blasenfüße genannt. Winzige Insekten, die sich vom Pflanzensaft ernähren und die Blumen dadurch stark schädigen können. Typischerweise bekommen Blüten und Blätter dann silbrige Streifen und vertrocknen. Bei den ersten Anzeichen eines Befalls müssen alle Blätter bodennah abgeschnitten werden. Sonst wandern die Schädlinge unter die Hüllblätter der Knollen, um dort zu überwintern. Das Schnittgut ist im Hausmüll zu entsorgen, da sich die Insekten im warmen Komposthaufen vermehren würden.

Dekorative

Vasensammlung

Für diese Idee benötigen Sie eine Sammlung von Flaschen in unterschiedlichen Formen, Farben und Größen. Nun für jedes Gefäß eine Gladiole in einer anderen Farbe schneiden und diese auf dem Partytisch bunt durcheinander aufstellen.

Stockrosen
begrüßen die Besucher

Ein bunter Blumengruß im Vorgarten mit einer Mischung verschiedenfarbiger Stockrosen in Kombination mit bunten Stauden lässt Heimatgefühle aufkommen.
Herzlich willkommen, hier bin ich zu Hause.

Die wunderbare *Schönheit* der Vielfalt

Die wohl farbenfreudigste Pflanzengruppe sind die Sommerblumen, auf deren Pracht gerade in Landhausgärten nicht verzichtet werden kann. Vom Frühling bis zum ersten Frost erfreuen sie den Betrachter, eine gute Planung und Pflege vorausgesetzt.

Die Auswahl richtet sich nach Blütenfarbe, Blütezeit und Wuchshöhe. Doch was sind das für Pflanzen? Hierbei handelt es sich um ein- und zweijährige Pflanzen, die nicht winterhart sind. Einjährigen Blumen werden im Frühjahr ausgesät und blühen während der Sommersaison bis in den Herbst hinein. Zu den bekanntesten Sorten gehören Sonnenblume, Löwenmaul und Zinnie. Die ersten Fröste machen die bunte Blütenpracht dann zunichte. Längere Freude hat man an den zweijährigen Sommerblumen. Ihr Lebensrhythmus beginnt im Frühsommer mit der Aussaat, doch erst im folgenden Jahr entwickeln sich Blüten und Samen. Bekannte Beispiele sind Fingerhut, Stockrose oder Bartnelke.

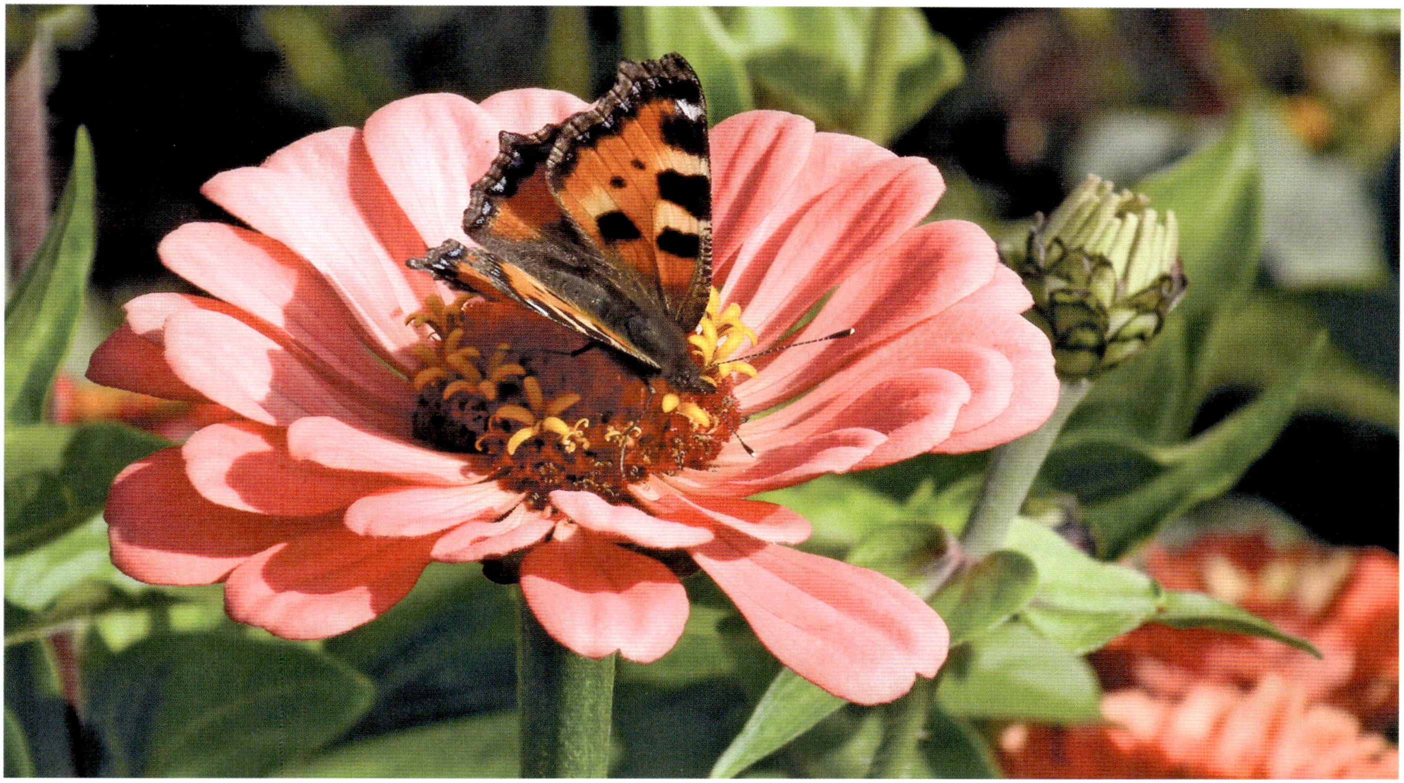

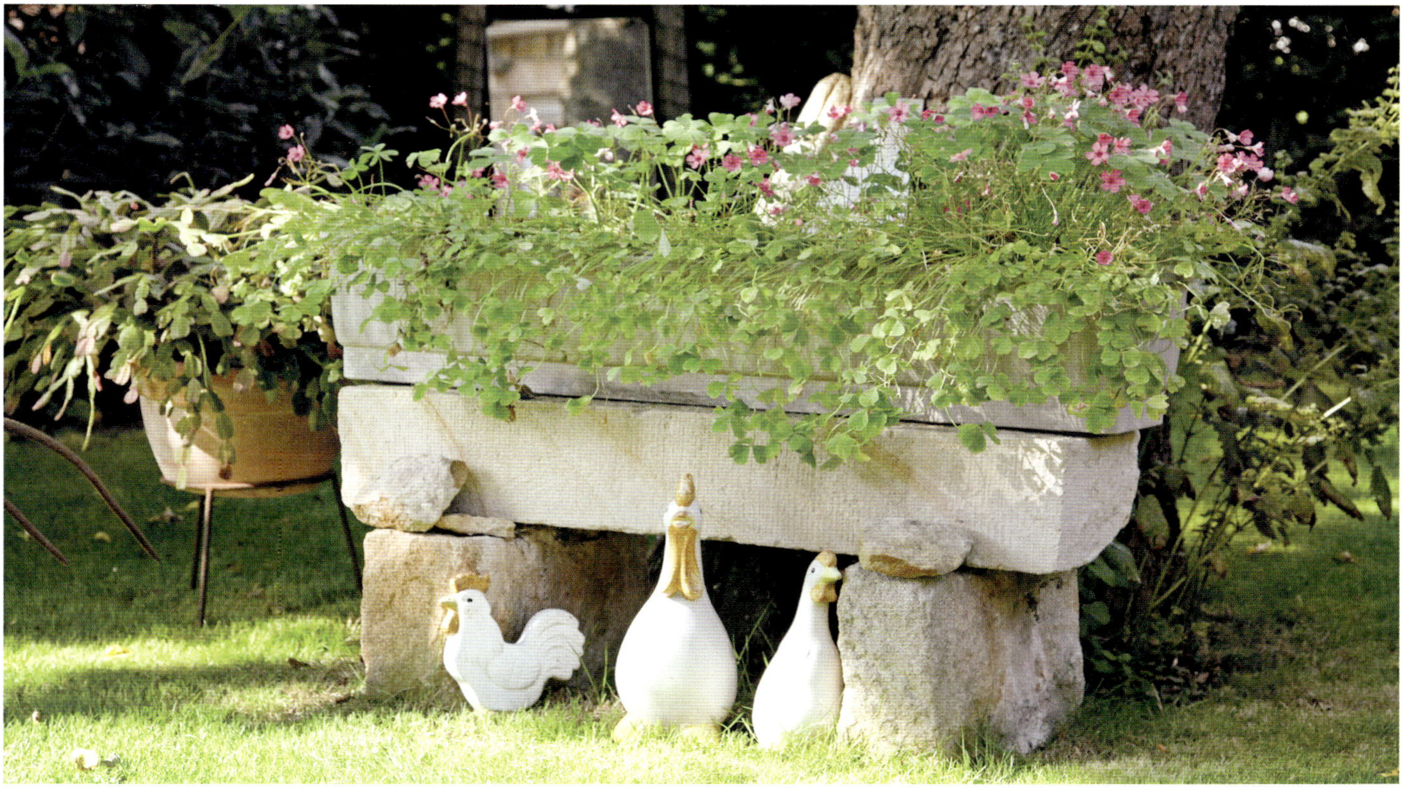

Die *Stockrose* (*Alcea rosea*), auch Stockmalve genannt, kommt als Gruppenpflanze besonders gut entlang von Mauern oder Zäunen zur Geltung. An den langen Blütenstängeln hängen ungefüllte oder gefüllte Blüten in den Farben Weiß, Creme, Rosa, Rot und Lila. Sie gelten als zweijährig und versamen sich sehr gut selber. Dadurch wachsen immer wieder neue Pflanzen im Beet. Vorsicht ist beim Unkraut zupfen geboten, die Sämlinge sollen stehen bleiben.

Die Gemeine *Nachtkerze* (*Oenothera biennis*) trägt ihren Namen zu Recht. Ihr aufrechter Wuchs erinnert an eine Kerze und sie gehört zu den Nachtblühern, d.h., ihre gelben ungefüllten Blüten öffnen sich in der Abenddämmerung. Die zweijährige Pflanze wird für die Anlage eines fledermausfreundlichen Gartens empfohlen. Der intensive Duft und die leuchtend gelben Blüten locken viele Insekten an, vor allem Nachtfalter, die Lieblingsspeise vieler Fledermäuse.

Das einjährige *Schmuckkörbchen* (*Cosmos bipinnatus*) wird im Volksmund oft als Kosmee oder Cosmea bezeichnet. Sie wirkt mit ihren feingliedrigen Blättern und den großen Blüten sehr zart. Werden die verwelkten Blüten regelmäßig entfernt, ist sie ein unermüdlicher Dauerblüher. Für den sommerlichen Blumenstrauß ist sie gut als Schnittblume geeignet. Ihre einfachen Schalenblüten erstrahlen in den Tönen Weiß, Rosa und Rot.

Die einjährige *Sonnenblume* (*Helianthus annuus*) ist die wohl bekannteste Sommerblume, die in unseren Gärten selber gezogen wird. Sie eignet sich gut als Sichtschutz und Hintergrundbepflanzung und bietet darüber hinaus vielen Tieren Nahrung im Herbst und über den Winter. Als Schnittblume gibt es mittlerweile pollenfreie Sorten, denen die fehlende Bildung von Blütenstaub die Blütezeit verlängert. Dadurch sind sie besonders gut für Allergiker geeignet.

$\mathcal{S}$trohblumen (*Xerochrysum bracteatum*) erfreuen den Sommer über im Freien als einjährige Zierpflanze und als Schnittblume noch monatelang danach im getrockneten Zustand. Ihre Blüten erscheinen in Weiß, Creme, Gelb, Orange, Rosa, Rot und Lila. Für Gestecke oder Trockensträuße, müssen sie geschnitten werden, ehe die Blütenköpfe ganz geöffnet sind. Dann sollten sie einige Zeit kopfüber aufgehängt werden, um die Farbe zu erhalten.

$\mathcal{Z}$innien (*Zinnia elegans*) sind einjährig und bestechen durch ihre großen Korbblüten. Es gibt skabiosen-, strahlen- und dahlienblütige Arten sowie kleinwüchsige Sorten mit pomponartigen Blüten. Das Farbspektrum geht von Weiß über Gelb, Orange, Rot bis Rosa. Mit ihrer Schönheit gehört sie in jeden Landhausgarten. Ob als Schnittblume, als Lückenfüller zwischen Stauden und Gräsern oder als bunte Farbtupfer im Topf auf der Terrasse, sie ist stets willkommen.

$\mathcal{B}$art-$\mathcal{N}$elken (*Dianthus barbatus*) sind klassische zweijährige Bauerngartenpflanzen, die bestens zum Schnitt geeignet sind. In der Gruppe gepflanzt wirken sie besonders schön. Wie bei allen zweijährigen Sommerblumen erscheint im ersten Jahr die Blattrosette und im zweiten Jahr der Blütenstil. Die ungefüllten oder gefüllten Blüten erstrahlen in Weiß, Rosa und Rot, bisweilen auch mehrfarbig, und sie duften gut.

Das Große $\mathcal{L}$öwenmaul (*Antirrhinum majus*) ist die perfekte Pflanze für alle Sommerblumenbeete und ist seit dem 15. Jahrhundert bekannt. Die meisten Sorten werden als einjährige Zier- oder Schnittblumen kultiviert, können aber mit dem richtigen Schutz einen milden Winter überstehen oder an einem frostfreien Platz überwintern. Die gelben, rosa, lila und weißen Blüten erinnern beim Öffnen an ein aufgerissenes Löwenmaul.

Leben mit dem
Garten

Jedes Jahr im Frühling beginnt das Leben im Garten aufs Neue. Die ersten wärmenden Sonnenstrahlen locken uns nach draußen. Aber Vorsicht, das Wetter kann noch launisch sein, darum sollte man nicht zu früh beginnen. Nun ist Zeit zu planen, welche Sommerblumen in diesem Jahr blühen sollen.

Schon im Februar und März kann man mit der Anzucht der Blumensetzlinge in flachen Saatschalen auf der warmen Fensterbank beginnen. Beim Saatkauf nicht sparen, sondern auf eine gute Qualität achten. Es sollte ungebeizt und frei von Verunreinigungen und Unkrautsamen sein. Ab Ende März können erste Ringelblumen und Wicken ins Freiland gesät werden. Im April folgen ihnen u.a. Kornblumen, Strohblumen und Tagetes. Nur einen Monat später, im Wonnemonat Mai, ist die Zeit gekommen, die Pflanzen in den Anzuchtkästen, die noch im Haus stehen, abzuhärten. Die Kästen werden tagsüber an wind- und sonnengeschützte Plätze ins Freie gestellt. In milden Nächten können sie dann auch nachts draußen bleiben.

Garten-praxis

Heimat für Hummeln & Co.

Was kann es Schöneres geben, als wenn es im Garten summt und schwirrt. Vor allem für Kinder ist es eine wertvolle Erfahrung mit den heimischen Lebewesen aufzuwachsen. Die Insekten und Vögel haben es in unserer heutigen Welt oft schwer, geeignete Lebensräume zu finden. Gut angelegte Gärten sind gerade in den Sommermonaten für die hungrigen Insekten ein wahres Paradies. Da kommt ein Landhausgarten gerade recht. Tiere und speziell Insekten in den Garten zu locken ist gar nicht so schwierig. Ungefüllte Sorten sind für Hummeln, Schmetterlinge und Bienen die besten Pollenweiden. Gefüllte Blumensorten bieten keinen oder nur wenig Nektar und Pollen. Bei gefüllten Blüten werden die so wichtigen Staubblätter in Blütenblätter umgewandelt. Die Blüte wirkt üppiger und größer, bildet aber keinen Blütenstaub. Manche Blütenbesucher sind auf bestimmte Pflanzen spezialisiert. Einige Wildbienenarten besuchen zum Beispiel nur ganz bestimmte Pflanzenarten. Deshalb ist es wichtig, auf die Blütenvielfalt zu achten. Speziell die Wildwiesen (siehe Kapitel „Wilde Wiesen") sind ein wichtiger Beitrag zur Stabilisierung der Artenvielfalt.

Zierde für Haus und Garten

Die Sommerblumen dienen jedoch nicht nur als Nahrungsquelle für Insekten, sondern auch als Schnittblumen und Zierpflanzen im Garten. Die im Haus vorgezogenen Pflänzchen können ab Ende Mai, je nach Wetterlage schon früher, in die Beete nach draußen gepflanzt werden. Nun ist auch Zeit, Blumen, meist die zweijährigen Sorten (z.B. Fingerhut, Stockrose, Königskerze), direkt in die Freilanderde zu säen.

Es hat sich bewährt, die Pflanzen in Sommerblumenbeeten oder in eigens dafür vorgesehenen Streifen, z. B. im Gemüsebeet, vorzuziehen. Dort werden sie nach Erreichen einer entsprechenden Wuchsgröße pikiert (auseinandergesetzt) und verbleiben entweder als Schnittblumen oder werden in andere Gartenteile umgepflanzt.

Mit entsprechender Pflege wachsen die kleinen Sämlinge über den Sommer zu stattlichen Pflanzen heran. Höher wachsende Sommerblumen wie Stockrosen, Sonnenblumen oder Fingerhut können direkt an ihren späteren Standorten ausgesät werden. Sie sind wüchsig genug, um sich gegen andere Pflanzen durchzusetzen. Sommerblumen sind eine wunderbare Ergänzung in bunten Staudenbeeten. Sie bringen Farbe bis in den späten Herbst hinein.

Stufenweise
Horn-Veilchen

Für ein kleines Horn-Veilchen-Theater kam eine alte Holzstiege aus der Scheune nebenan gerade recht. An die Hausfassade angelehnt, dient sie als Grundlage für die Töpfe mit den bunten Blütengesichtern. Die kleinblütigen Geschwister der Stiefmütterchen können gut selbst angesät und gezogen werden.

Nutzpflanzen
Gestalten, anbauen, ernten und genießen

„Warum soll ich eigentlich mein eigenes Obst und Gemüse anbauen?" fragt sich manch einer. Darauf lässt sich antworten, dass nichts mit dem köstlichen Geschmack von frisch geerntetem Obst und Gemüse vergleichbar ist.

Die richtige
Zusammenstellung
planen

Genuss und Nutzen arbeiten im Gemüsegarten Hand in Hand. Das Blattgemenge der Bodenfrüchte schafft herrliche Grüntöne, während die Zierblumen bunt leuchten. Doch bis es soweit ist, bedarf es einiger Vorarbeiten. Der gut geplante Gemüsegarten liegt in einem sonnigen Fleckchen, am besten dicht am Haus. Dann kann man das frisch geerntete Gemüse direkt in der Küche verarbeiten. Bäume und große Sträucher in unmittelbarer Nähe können nicht nur Konkurrenten um das Licht sein, sondern den Gemüsepflanzen auch Feuchtigkeit und Nährstoffe entziehen. Bei der Auswahl der Gemüsearten gehen Sie entweder nach Ihren geschmacklichen Vorlieben, oder aber auch nach dem äußeren Erscheinungsbild der Pflanzen. Die dunkelroten Blattstiele des Mangolds sind sehr attraktiv, genauso wie die bunten Farben verschiedener Salatsorten. Kombiniert mit zahlreichen Sommerblumen wird so das bunte Spektakel perfekt.

Aus Liebe zum
Landleben

Der Gemüsegarten als klassisches Element eines Landhausgartens besteht nicht nur aus den Pflanzen, sondern im Grundaufbau vor allem aus Wegen und Beeteinfassungen. Wege sind nicht nur praktisch, ein meist symmetrisches System hält auch das scheinbare Durcheinander von Gemüse, Blumen und Kräutern zusammen. Beeteinrahmungen haben neben der ansprechenden Optik die Aufgabe, die Pflanzen vor kalten Winden zu schützen. Gerade wenn die ersten Samen im Mai schon aufgegangen sind, kann es noch Spätfröste geben.

Besonders beliebt ist nach wie vor der Buchsbaum. Doch Vorsicht, das seit einigen Jahren stark auftretende Buchsbaum-Triebsterben, hervorgerufen von einem Pilz namens Cylindrocladium buxicola, und der Fraßschaden des Buchsbaumzünslers, ein ostasiatischer Kleinschmetterling, führen dauerhaft zum kompletten Absterben der Pflanzen. Alternativen sind der buchsbaumähnliche Berg-Ilex (*Ilex crenata*), die Buchsblättrige Berberitze (*Berberis buxifolia*) oder auch die etwas lockerer wachsende immergrüne Heckenkirsche (*Lonicera nitida*). Steht ausreichend Platz zur Verfügung kann ein Band aus Lavendel (*Lavandula angustifolia*) als Randbegrenzung verwendet werden.

Wem der Pflegeaufwand für eine lebende Einfassung zu hoch ist, der kann natürlich auch Hölzer in Form von hochkant gesteckten Brettern oder Rundhölzern verwenden. Flechtzäune aus Weiden-, Robinien- oder Haselnusszweigen sind eine weitere formschöne Alternative.

Unterschiedliche Beete

Wer einen Gemüsegarten anlegen möchte, hat dabei die Auswahl zwischen unterschiedlichen Beetarten. Frühbeete schaffen einen klaren Zeitvorteil. Sobald die schlimmsten Fröste im Frühjahr (Ende März, Anfang April) vorüber sind, wird der erste Salat und Kohl ausgesät. Eine Abdeckung schützt die jungen Pflänzchen zu dieser frühen Jahreszeit vor den strengen Temperaturen. Ein Frühbeet braucht viel Sonne und funktioniert wie ein kleines Gewächshaus. Der meist kastenförmige Rahmen aus Holz oder Metall ist mit Kunststoff- oder Glasplatten verkleidet. Das Dach sollte zum Klappen sein und besteht ebenfalls aus Kunststoff oder Glas. Scheint die Sonne tagsüber, heizt sich der Innenraum des Frühbeets auf und sorgt so für das warme Klima. Damit sich die Wärme nicht staut, ist eine Belüftung tagsüber notwendig. Bei den Frühbeeten werden zwei Arten unterschieden, das Kaltbeet und das Warmbeet. Das Kaltbeet funktioniert alleine durch die Nutzung der Sonneneinstrahlung. Das Warm- oder Mistbeet ist für Pflanzen wie Tomaten, Gurken oder Paprika notwendig, die eine zusätzliche Bodenwärme benötigen. Hier kann mit der Aussaat schon früher begonnen werden als im Kaltbeet (Anfang März). Wenn es im Laufe des Jahres wärmer wird, wächst das Gemüse in den Flachbeeten im Garten weiter.

Höhere Beete

Hochbeete sind in alten Bauerngärten eher selten zu finden. In der heutigen Zeit hat man jedoch erkannt, dass diese höher gelegenen Beete durchaus rückenschonend sind. In Flechtoptik hergestellte Elemente fügen sich stimmig in Landhausgärten ein. Aus Holzbohlen, Metall oder Natursteinen aufgebaute Beete sehen in einem modern gestalteten Garten gut aus. Eine dekorative Ergänzung sind mit Kräutern bepflanzte Kübel. Frostempfindliche Arten wie Rosmarin können so im Winter ins Haus geholt werden. Hochbeete werden im Herbst oder zeitigen Frühjahr aufgebaut. Dazu verwendet man verschiedene Schichten verrottbares Material (Reisig, Rohkompost, reifer Kompost), bei deren Zersetzung Wärme frei wird. Dadurch erhöht sich die Temperatur der Erde im Gegensatz zu den Flachbeeten. Das Pflanzenwachstum wird gefördert und die Ernte kann früher erfolgen. Während des Sommers müssen die Hochbeete reichlich und regelmäßig gegossen werden. Durch den lockeren Aufbau trocknet der Boden schneller aus als im Flachbeet. Gegen die gefürchteten Nacktschnecken haben sich Hochbeete bewährt. Eine auf der Oberkante bzw. auf halber Höhe umlaufende, nach unten abgewinkelte Stahlkante hält die Kriechtiere auf dem Weg ins Beet erfolgreich ab.

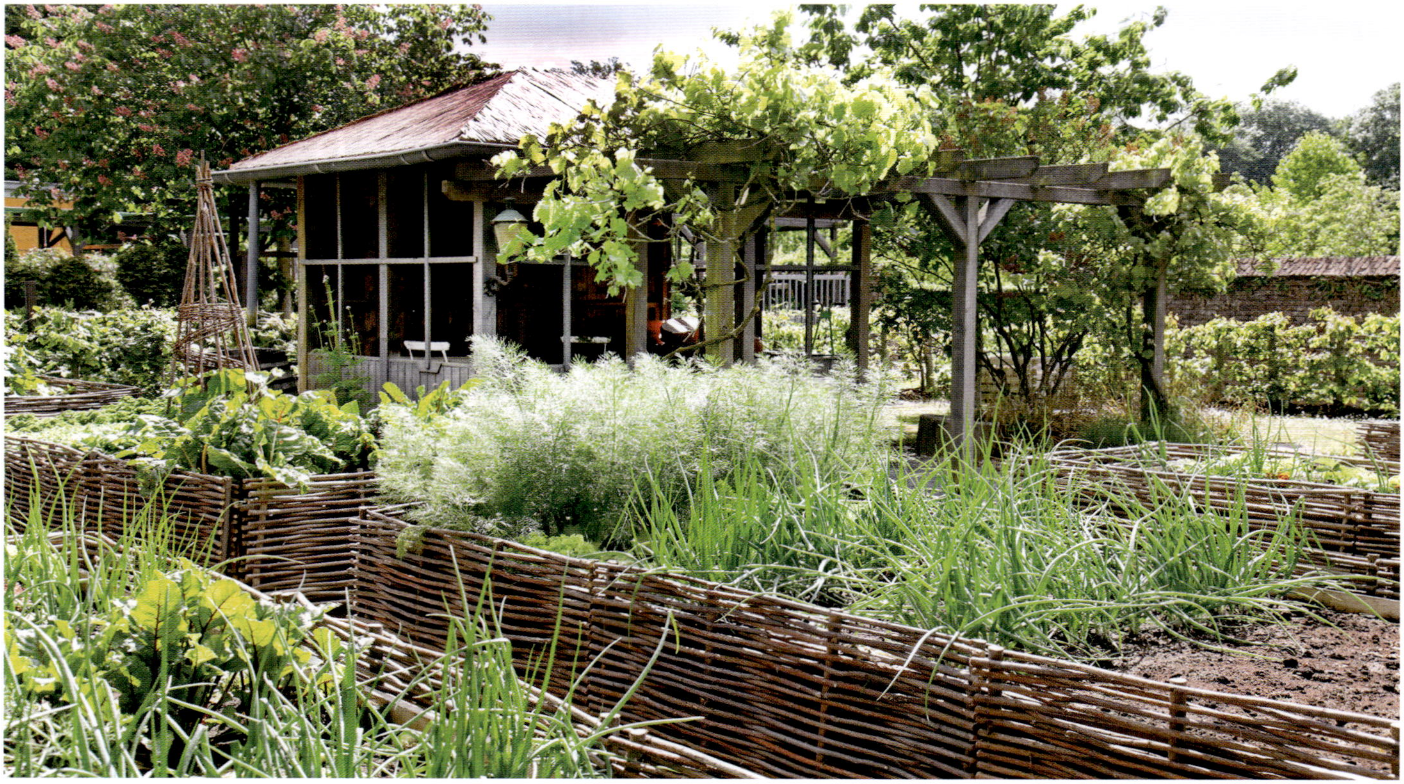

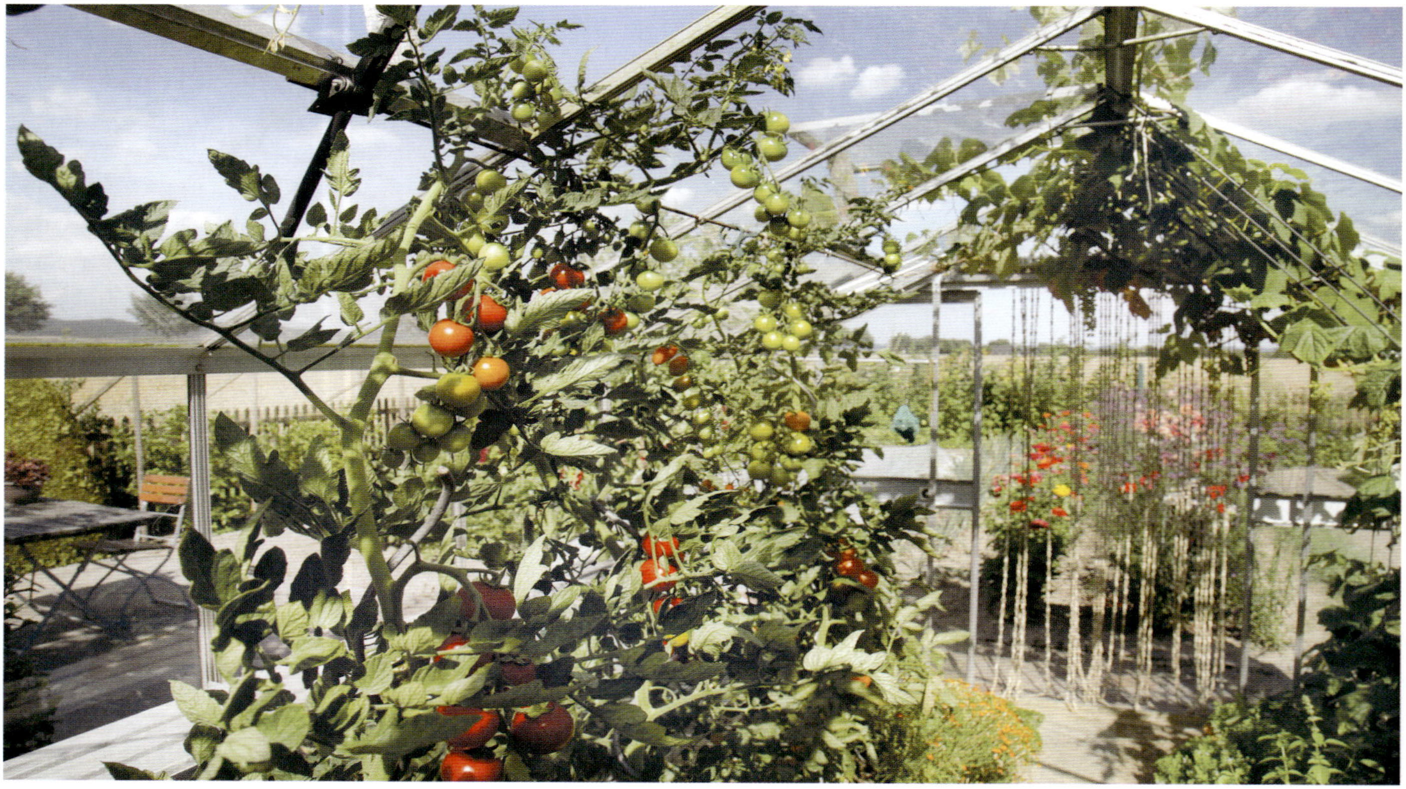

Das Gewächshaus

Häuser aus Glas gibt es in verschiedenen
Größen und Ausführungen im Fachhandel.
Sie dienen einerseits zur Pflanzenanzucht,
bieten später empfindlichen Gemüsen
wie Gurke, Tomate und Paprika Schutz.
Im Winter können hier frostempfindliche
Pflanzen ihren Platz finden. Es ist wichtig
die Temperaturen zu beobachten, gut zu
lüften und für Schatten zu sorgen.

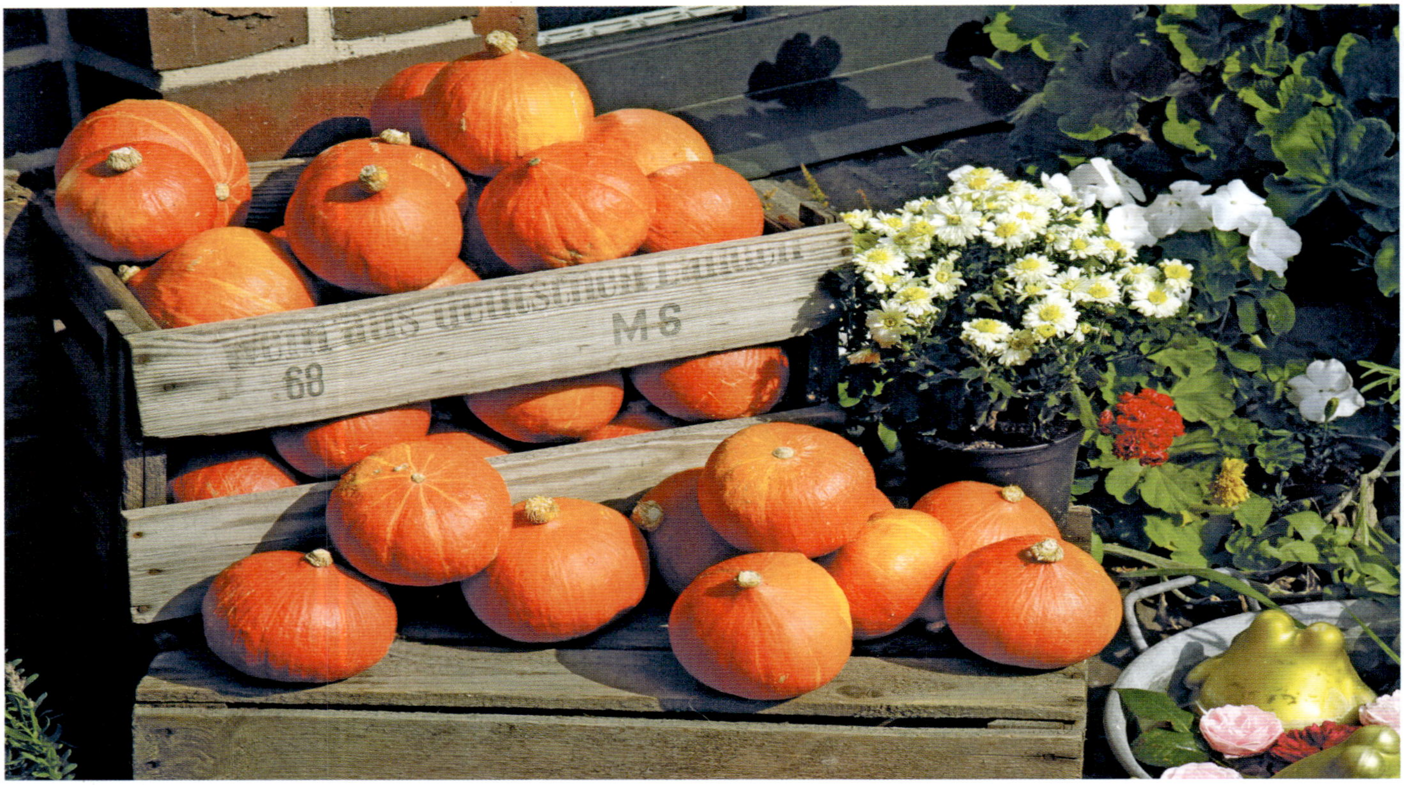
M 6
68

MÖHREN
BOHNEN
PIMPINELLE
LÖWENMÄULCHEN
THYMIAN
SPINAT
RAUKE
WEINRAUTE

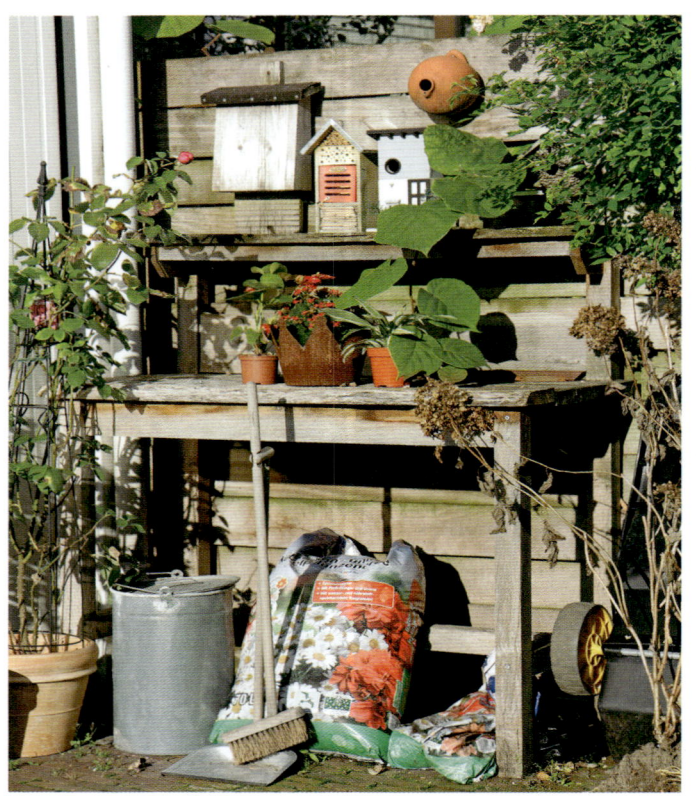

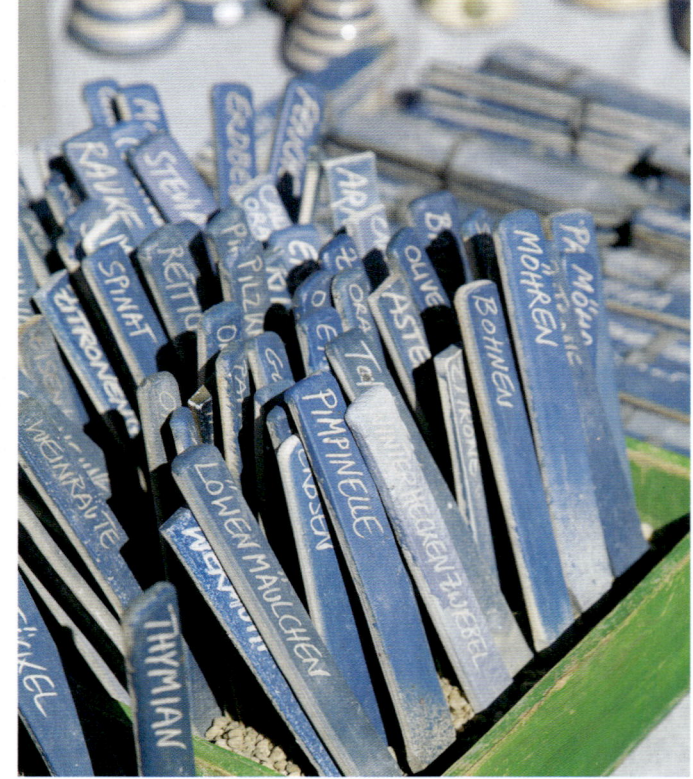

Duftendes
Kräuterbeet
für die Küche

Was wäre ein Garten ohne Kräuter?
Frische Kräuter sind gesund und
geben unseren Speisen ein unver-
wechselbares Aroma. Schnittlauch-
blüten ziehen Insekten magisch
an. Für Ohrenkneifer und andere
Insekten steht ein Männchen aus
Tontöpfen als Hotel bereit.

Leitstauden–
ein Feuerwerk im Garten

Leitstauden sind das Rückrat einer Pflanzung. Sie sorgen mit ihrer auffälligen Gestalt für Struktur und bestimmen den Charakter einer Pflanzung. Wolfsmilchgewächse stammen aus dem Mittelmeerraum und möchten auch im heimischen Garten einen sonnigen Standort.

Traumhafte
Stauden
in zahlreichen Farben

Stauden gehören in jeden Landhausgarten, egal ob groß oder klein, ob viele oder nur wenige. Sie sind die wichtigsten Akteure im Gartenspiel und dürfen nicht fehlen.

Doch was fasziniert uns an diesen Pflanzen? Es werden vor allem die überbordende Blütenfülle und die intensiven Düfte sein, die uns aus den Beeten entgegenquillt. Viele der Landhausgarten-Klassiker finden sich bereits in den Verzeichnissen alter Klöster. So wurde Pfingstrosen und Akeleien schon im Mittelalter gepflanzt. Auch Heilpflanzen, wie z.B. der Rote Sonnenhut, hat man schon damals verwendet und in den Gärten angebaut.

Damit die Pflanzung richtig zur Geltung kommt, benötigen die Beete Struktur. Diese erzielt man durch geschickte Kombination von Leitstauden, Begleitstauden, Gräsern, Bodendeckerstauden sowie Zwiebel- und Knollenpflanzen. Leitstauden sind Charakterstauden und bilden das Gerüst der Pflanzung. Sie sind deutlich größer als die Begleitstauden und blühen sehr lange. Im Idealfall sind sie standfest und verzaubern uns so auch im Winter mit ihren raureifüberzogenen oder schneebedeckten Pflanzenteilen. Schneiden Sie deshalb die abgeblühten Stauden im Herbst nicht komplett zurück. Der Anteil von Leitstauden in den Beeten sollte 10 bis 15 Prozent betragen. Das bedeutet, auf größeren Arealen verwendet man sie mit einigem Abstand wiederkehrend. Auf kleineren Flächen werden sie solitär eingesetzt. Begleitstauden passen sich ihnen an und ergänzen die Bepflanzung.

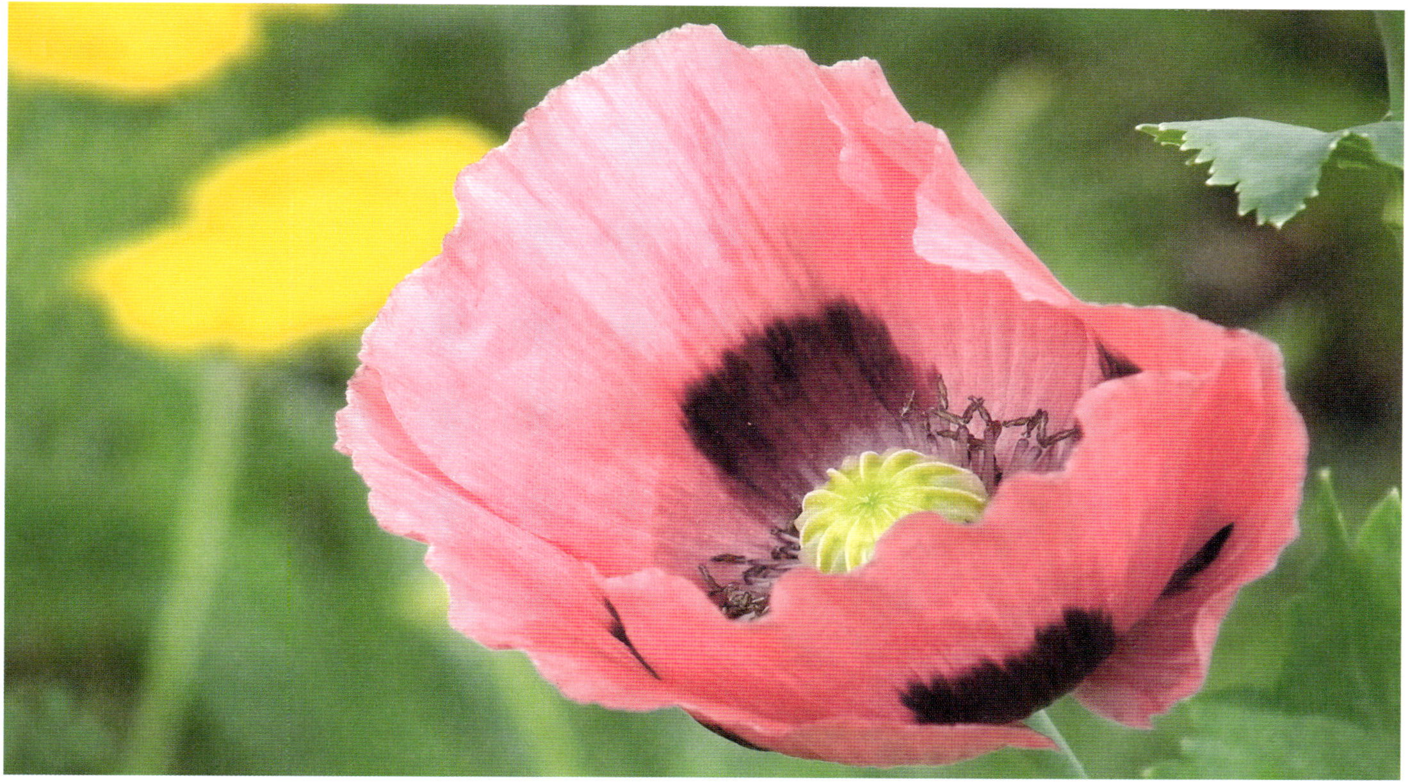

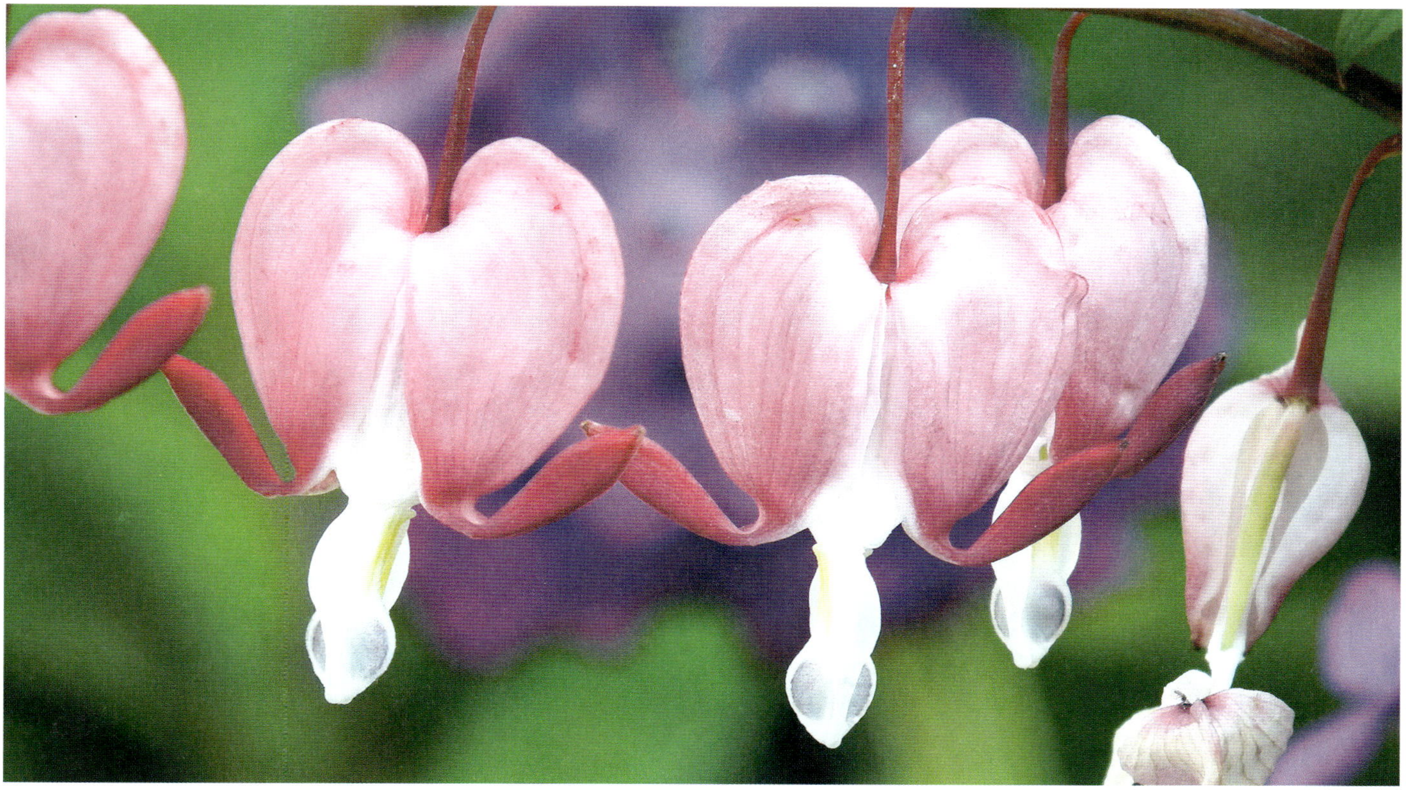

Der sehr giftige *Blaue Eisenhut* (*Aconitum napellus*) wächst auf nährstoffreichen, frischen Böden in der Sonne. Er schiebt bis zu 150 cm hohe Stiele, besetzt mit zahlreichen dunkelblau bis lilafarbenen Blüten. Der Blaue Eisenhut ist eine traditionelle Zier- und Arzneipflanze, aber Vorsicht: Alle Teile der Pflanze sind stark giftig. Das oberste, helmartig gewölbte Blütenhüllblatt gab dem Eisenhut seinen Namen. Den deutschen Volksmund erinnerte es an eine stählerne Sturmhaube.

Die *Bauern-Pfingstrose* (*Paeonia officinalis*) gehört mit ihren Blüten in den Farben Weiß, Rosa bis Dunkelrot in jeden einigermaßen großen Garten. Die bis zu 80 cm hohen Blütenstiele benötigen oft während der Blüte eine Stütze. Ideale Standorte sind sonnige bis halbschattige Rabatten, der Boden sollte frisch und durchlässig sein. Sollten Sie Pflanzen umsetzen, graben Sie diese großzügig aus und verpflanzen sie mit viel vorhandenem Boden.

Die intensiv blau schimmernden kugelförmigen Blütenköpfe sind namensgebend für die *Kugeldistel* (*Echinops bannaticus*). Die Blütenstiele erreichen schnell Höhen über 100 cm und mit ihren kugeligen Blütenbällen bringt die Staude markante Strukturen ins Beet. Die sehr hitzeverträgliche Staude benötigt volle Sonne und durchlässige, frische, kalkhaltige Böden. Bei Bienen, Hummeln und Schmetterlingen ist die Kugeldistel sehr beliebt.

Die aus dem östlichen Nordamerika stammenden hochwüchsigen *Rau- und Glattblatt-Astern* (*Aster novae-angliae und Aster novi-belgii*) gehören zu den beliebten Herbstblühern in Landhausgärten. Die strahlenförmigen Köpfchen zieren in großer Zahl die Blütenstiele in zahlreichen Farben. Die Pflanze sollte mindestens bis zur Hälfte von anderen Pflanzen verdeckt sein, da die Stängel im Laufe des Jahres von unten her verkahlen.

Der *Rittersporn* (*Delphinium-Hybriden*) zählt zu den imposantesten Solitärstauden im Bauerngarten. An einem sonnigen Platz mit nährstoffreichem Boden werden sie je nach Sorte bis zu 180 cm hoch und tragen weiße, blaue bis dunkelblaue Blüten. Schneidet man die verblühten Stiele direkt nach der Hauptblüte ab, erhält man eine Nachblüte. Der junge Austrieb ist stark schneckengefährdet. Bei guter Pflege wird man jedoch reich mit majestätischem Rittersporn belohnt.

Die prächtigen *Königskerzen* (*Verbascum-Arten*) bilden im Sommer hohe Blütenstände mit goldgelben Einzelblüten aus. Sie bevorzugen sonnige Standorte auf durchlässigen, nährstoffarmen Böden. Die meisten Arten sind zweijährig bzw. nur sehr kurzlebig, säen sich jedoch sehr zuverlässig selber aus. Aus der im ersten Jahr gewachsenen Blattrosette entsteht im zweiten Jahr der bis zu 2 Meter hohe Blütenstand.

Taglilien (*Hemerocallis-Hybriden*) sind Spätsommerblüher. Ihre einzelnen Blüten öffnen sich für einen Tag, doch jeden Tag erblühen neue Knospen. Der geeignete Standort für diese Staude ist eher nährstoffreich und nicht zu trocken in der vollen Sonne bis in den lichten Schatten. Karl Foerster bezeichnete die Taglilie auch als Pflanze für den intelligenten Faulen, da sie nur wenig Pflege benötigt. Ihre Blütenfarbe reicht von Gelb, über Orange, Rot, Rosa bis hin zu Lila.

Der *Rote Sonnenhut* (*Echinacea purpurea*) besticht durch seine auffällig rosarote Blütenfarbe, die im Sommer auf kräftigen Stielen erscheinen. Die dekorative, wüchsige Staude lockt viele Schmetterlinge und andere Insekten an und bereichert als Schnittblume jeden Blumenstrauß. Raureif und Schnee verzieren die verblühten Stängel im Winter. Sie mag sonnige und warme Plätze auf frischen, nährstoffreichen Böden.

Die perfekte
Prachtstaude
für jeden Bereich

Um den unterschiedlichen Standortansprüchen der Stauden gerecht zu werden, hat Richard Hansen sieben verschiedene Zonen, die sogenannten Lebensbereiche im Garten definiert. Dazu gehören die Bereiche Gehölze, Gehölzrand, Freiflächen, Steinanlagen, Beet, Wasserrand und Wasser. Die Lebensbereiche beziehen sich auf die natürlichen Lebensansprüche der jeweiligen Pflanzen. So gedeihen beispielsweise am Gehölzrand der Beete die gleichen Stauden wie an einem Waldrand. Die Idee dahinter ist, werden Stauden an den Standort gesetzt, an dem sie sich besonders wohlfühlen, wachsen sie besser, sind weniger krankheitsanfällig, leben länger und benötigen weniger Pflege. Bereits 1981 hat Richard Hansen zusammen mit seinem Mitarbeiter Friedrich Stahl das Konzept der Lebensbereiche veröffentlicht. Alte Pflanzungen, die nach dem System aufgebaut wurden, haben oft heute noch Bestand. Das Konzept wurde später von Josef Sieber weiter differenziert. Wollen Sie eine Staudenpflanzung nach Lebensbereichen anlegen, müssen Sie zunächst herausfinden, welche Verhältnisse bei Ihnen vorherrschen. Ist der Platz eher sonnig oder schattig? Ist der Boden eher trocken, frisch oder feucht? Haben Sie das herausgefunden, beginnt die Auswahl der Stauden. Um eine bunte Rabatte in der Sonne zu bepflanzen, nehmen Sie Pflanzen aus dem Lebensbereich Beet, für eine Uferbepflanzung am Teich gilt der Bereich Wasserrand und für die Unterpflanzung von Gehölzen verwenden Sie den Lebensbereich Gehölzrand.

Garten-praxis

Pflanzung

Sind die Lebensbereiche definiert und die gewünschten Stauden ausgesucht, wird ein Pflanzplan erstellt. In diesem legt man fest, wo die Leitstauden platziert werden, wo die Begleit- und die Bodendeckerstauden ihren Platz bekommen. Je nachdem, um welche Wuchsform es sich handelt, benötigen die Pflanzen unterschiedlich viel Platz. Während die Leitstauden eher solitär verwendet werden, kommen die Begleitstauden in größeren Gruppen vor. Der Standort zueinander und die Anzahl der einzelnen Sorten werden in einem sogenannten Pflanzplan festgelegt. Danach werden Stücklisten für den Einkauf erstellt und der Plan ist später eine Pflanzhilfe direkt am Beet. Beim Einkauf der Stauden sollte man auf die Qualität achten und entsprechende Staudengärtnereien aufsuchen. Der Boden in den Pflanztöpfen muss gut durchwurzelt sein und darf nicht ausgetrocknet geliefert werden. Stauden, die richtig getopft und eingewurzelt sind, halten beim Herausnehmen den Ballen. Die Pflanzen können so nach dem Pflanzen ungestört weiterwachsen. Die Stauden werden nun ausgetopft und auf die vorbereiteten Flächen ausgelegt und in die Erde eingepflanzt.

Staudenpflege

Selbst wenn Sie einen sehr wilden Naturgarten mögen, kein Staudengarten kommt ohne eine Staudenpflege aus. Es ist nicht viel, was man tun muss, aber man sollte wissen, worauf es besonders ankommt. Gerade bei den Leitstauden, die höher wachsen und eine unbändige Blütenfülle haben, besteht die Gefahr, dass sie bei starken Regengüssen oder heftigen Stürmen zu Boden gedrückt werden. Um sie vor dem Auseinanderfallen zu bewahren, müssen sie beispielsweise zusammengebunden oder mit Hilfe von Stützen gehalten werden. Bei einigen Stauden ist es möglich, die Stiele durch einen rechtzeitigen Rückschnitt zu stärken (Beispiel Rau- und Glattblatt-Astern). In trockenen Frühjahrs- und Sommermonaten ist es wichtig ans Wässern zu denken. Vor allem Pflanzen, die in den vollsonnigen Beeten stehen, brauchen jetzt genügend Feuchtigkeit für das Wachstum und die Blütenanlage. An heißen Tagen können Sie den Gartenschlauch ins Beet legen und durchdringend wässern. Ein Tropfschlauch, angeschlossen an eine Beregnungsanlage, erspart das ständige Umlegen des Gartenschlauchs. Aber auch hier muss geprüft werden, wann und wie viel Wasser die Pflanzen benötigen.

Wunderbare
Blütenfreude
im Gartenjahr

Um Stauden mit ihren verschiedenen Blüten, Blättern und Früchten gezielt einsetzen zu können, muss man einige Grundregeln zur Wirkung von Farben kennen. Nur wer weiß, wie man diese einsetzt, kann entscheiden, wie er die Pracht in seinem Garten gestalten möchte. Soll es eher bunt zugehen oder sollen die Farben aufeinander abgestimmt sein? Farben sind es, die den Blick zuerst auf sich ziehen. Niemand kann sich ihrer Wirkung entziehen. Rot ist die Farbe der Leidenschaft und des Lebens, Rot ist nach dem Schwarz-Weiß-Kontrast der Farbeindruck, welcher am stärksten wahrgenommen wird. Grün ist die allgegenwärtige Farbe der Natur, Blattgrün ist in den meisten Beeten automatisch vorhanden. Es geht mit den verschiedenen Blütenfarben unterschiedliche Beziehungen ein. So gehen auch Farben wie Gelb, Blau, Weiß, Orange und Magenta miteinander unterschiedliche Wirkungen ein. Das macht deutlich, dass es ein ganzheitliches Farbkonzept braucht.

Tipp:

Arbeitsmaterial

Viele Leitstauden benötigen eine Standhilfe, da die üppigen Blütenstiele gerade bei feuchtem Wetter schnell zu schwer werden und seitlich abzukippen drohen. Staudenstützen geben den Pflanzen unauffällig Halt. Eine einfache Möglichkeit ist, Bambusstäbe rund um die Pflanze zu stellen und diese mit einer Schnur oder einem Band zu verbinden. Edler sind die halbkreisförmigen Stützen aus stabilem, ummanteltem Draht.

Ein schöner

Sommersitz–platz

mit Solitärstauden

Staudenbeete mit verschieden
hohen Pflanzen, unterschiedlichen Düften und lautem
Gesumse von Hummel & Co.
sind hervorragende Plätze, um
einen Sommertag ausklingen
zu lassen. Hier können Sie lesen,
essen, träumen oder ein wenig
ruhen. Probieren Sie es aus!

Begleitstauden
für Sonne und Schatten

In jedem Landhausgarten gibt es
sonnige, halbschattige oder schattige
Bereiche. Bäume, Sträucher und Leitstauden prägen die Pflanzbereiche.
Die Begleitstauden füllen diese Flächen
mit ihrer Farbenvielfalt, Formen und
Strukturen auf und führen zu einer
wunderbaren Gesamtkomposition.

Prächtige
Stauden
für den Garten

Begleitstauden sind mittelhohe Pflanzen, die eine perfekte Ergänzung zu den Leitstauden darstellen. Sie sollen die Vor- und Nachblütezeit dieser Stauden ergänzen und müssen deshalb farblich aufeinander abgestimmt sein. Begleitstauden wie das Mädchenauge, Ehrenpreis, Schafgarbe oder Frauenmantel sind beliebte Gattungen für den Landhausgarten. Sie werden in Gruppen von 3 bis 7 Stück gepflanzt. Dazu kommen noch Bodendeckerstauden wie Waldsteinie, Günsel oder Gedenkemein. Ein Beet mit sorgsam ausgewählten Leit-, Begleit- und Bodendeckerstauden sorgt fast das ganze Jahr durch für farbenfrohe, attraktive Akzente.

Bei der Auswahl der Stauden sind die zukünftigen Lebensbereiche, wie schon bei den Leitstauden beschrieben, zu beachten. Neben der unterschiedlichen Bodenbeschaffenheit und Nährstoffverfügbarkeit, sind die verschiedenen Standorte im Licht und Schatten ebenfalls sehr wichtig. Liegen Beete den ganzen Tag in der Sonne, müssen entsprechend lichthungrige Stauden wie Sonnenhut oder Mohn ausgewählt werden. Bereiche, die einige Stunden am Tag Schatten bekommen, wie am Rand einer Strauchpflanzung oder an einer Mauer, sind halbschattige Standorte, und damit für Anemonen und Storchschnabel geeignet. Beete, die immer im Schatten unter Bäumen oder nordseitig von Gebäuden liegen, müssen mit schattentoleranten Stauden wie Elfenblume oder Funkie bepflanzt werden.

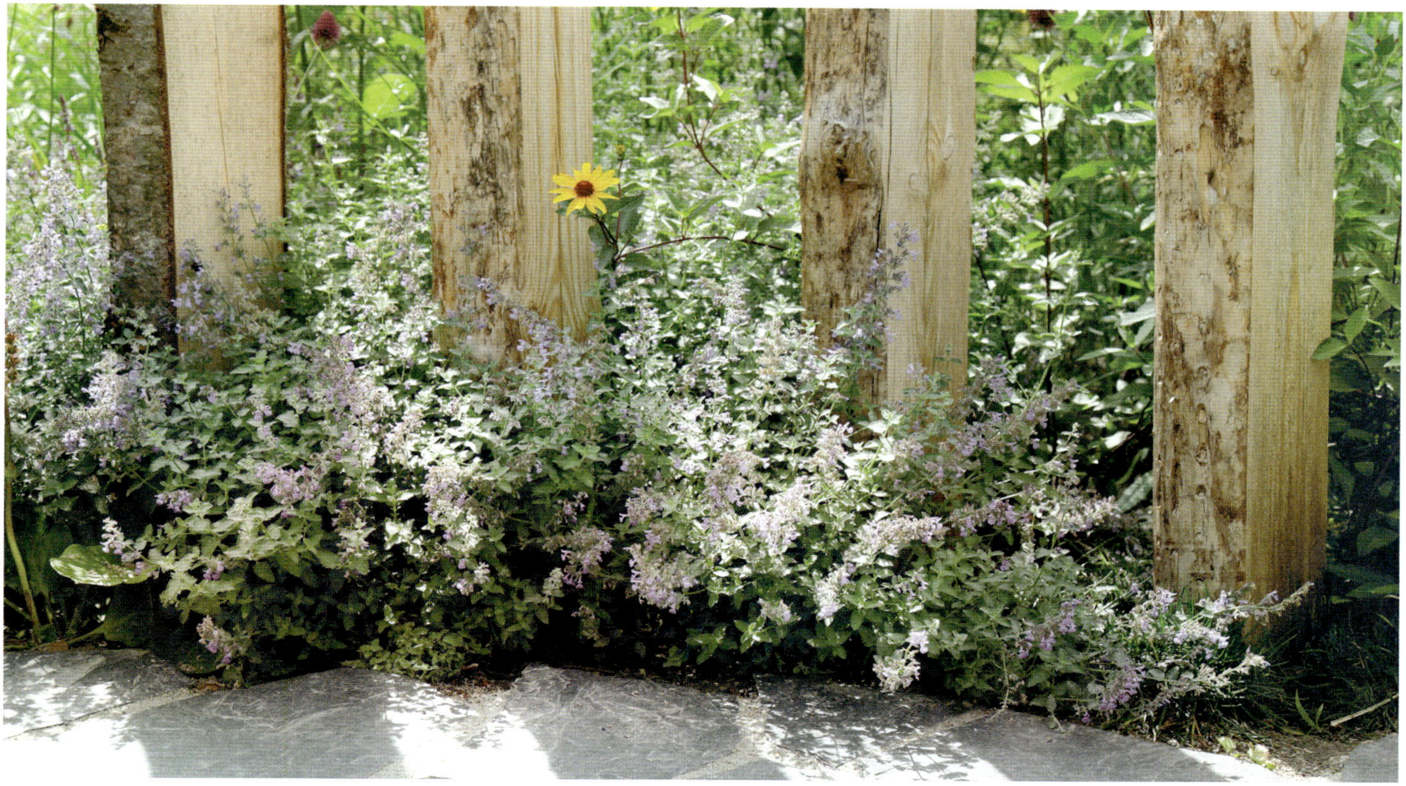

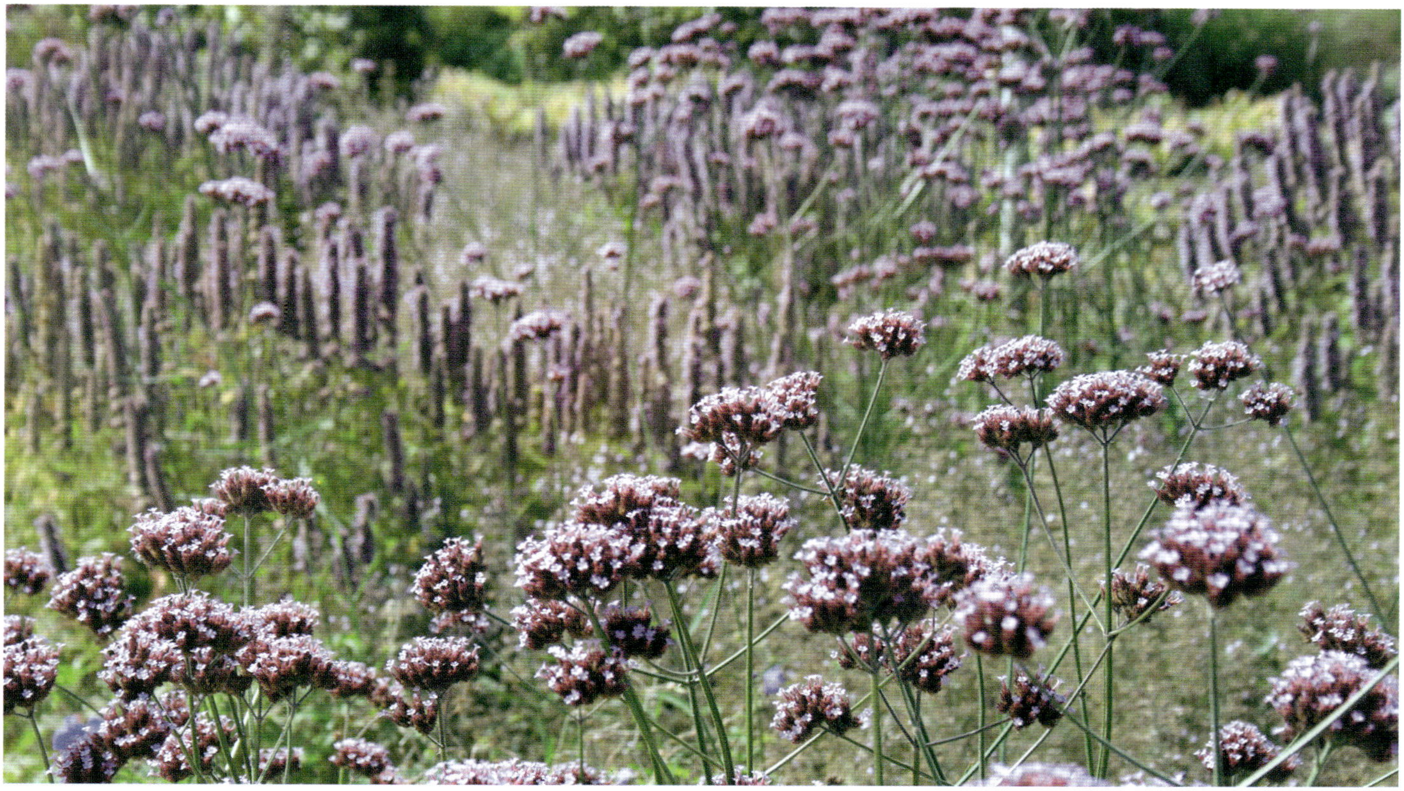

Der *Steppen-Salbei* (*Salvia nemorosa*) mit seinen intensiv lilablauen Blütenähren ist eine wunderbare Staude für vollsonnige Beete. Seltener werden Sorten in den Farben Weiß oder Rosa verwendet. Mit seinem würzigen Duft zieht der Salbei Bienen, Hummeln und Schmetterlinge magisch an. Er blüht von Juni bis Juli. Wird nach dem Verblühen des ersten Flors die Pflanze stark zurückgeschnitten, bereichert ein zweiter, etwas schwächerer Flor erneut die Beete.

Die rosafarbenen kleinen Blüten des *Woll-Ziest* (*Stachys byzantina*) sind aus ästhetischer Sicht unerheblich, die Staude schmückt den Garten durch ihre filzig-flaumigen, silbrigen Blätter. Sie ist eine klassische Staude, die ihre Nachbarn zur Geltung bringt. Eine blühende Rose wirkt inmitten eines Woll-Ziest-Teppichs noch einmal so schön. Angesichts der Form und Farbe der Blätter trägt sie auch den Name „Eselsohr". Sie mag sonnige und trockene Standorte.

Die leuchtend gelben Blütenköpfchen der *Schafgarbe* (*Achillea filipendulina*) sehen aus, als wären sie aus vielen Perlen zusammengestickt. Diese Staude ist ein Klassiker in Bauerngärten und mit den besonders großen Blütenständen als Schnitt- und Trockenblumen besonders beliebt. Ihr Laub verströmt das typische herbe Schafgarben-Aroma. Die gelbe Blütenfarbe wirkt besonders schön in Kombination mit dem blau blühenden Salbei.

Wunderschöne Akzente setzt die *Garten-Akelei* (*Aquilegia vulgaris*) in frühsommerlichen Beeten. Mit ihren weißen, violetten, rosafarbenen oder blauen Blüten, einfach oder gefüllt, sind sie aus keinem Landhausgarten wegzudenken. Doch Vorsicht, Akelei versamt sich reichlich und es entstehen immer wieder neue Farbkombinationen. Diese Staude liebt die sonnigen Bereiche, wächst aber auch in halbschattigen Lagen gut.

für ein sonniges Plätzchen

Man muss schon genauer hinsehen, um die filigranen Blüten der Elfenblume (*Epimedium x rubrum*) zu erkennen. Die 1854 in England entstandene Hybride leuchtet mit ihren in lockeren Trauben erscheinenden rot-weißen Blüten im Frühjahr in den schattigen Beetbereichen. Das Laub zeigt im Austrieb und im Winter eine schöne, bronzene Färbung und ist meist wintergrün. Neben den Blüten ist auch das Blattwerk ein schönes floristisches Beiwerk.

Die Lilientraube (*Liriope muscari*) ist eine in unseren Gärten wenig bekannte Staude. Die langen, dekorativen violett-blauen Blüten erinnern an die Traubenhyazinthe. Die kleinen glockenförmigen Blüten werden später durch matt-schwarze Früchte ersetzt. Die von August bis Oktober blühende wintergrüne Staude sollte ein besonders schönes Plätzchen im vorderen Beetbereich finden, um so besser zur Geltung zu kommen. Lilientrauben bevorzugen halbschattige Standorte.

Funkien (*Hosta-Hybriden*) gehören zu den dekorativsten Blattschmuckstauden für halbschattige und schattige Standorte. Ihre langgestreckten, in Trauben stehenden weißen oder lilafarbenen Blüten erscheinen im Sommer und sind ein zusätzlicher Schmuck. Da Funkien erst spät austreiben, sind sie ein idealer Partner zu den Frühlingszwiebelgewächse, die nach der Blüte einziehen. Leider werden sie gern von Schnecken befallen.

Neben den Wildarten der Christrose sind die *Helleborus Orientalis-Hybriden* eine wichtige Pflanzengruppe für die Landhausgärten. Sie gedeihen nicht nur im Halbschatten, sondern auch an sonnigen Standorten. Ab Februar erstrahlen ihre Blüten in Weiß, Creme, Rosa bis hin zu Purpur. Das nach der Blüte erscheinende dekorative Laub bleibt bis zum Winter grün und sollte erst im zeitigen Frühjahr entfernt werden.

Wirksame
Stauden,
die Schatten lieben

Stauden in halbschattigen und schattigen Lagen bestechen neben ihrer Blüte oftmals mit farbigen, wunderbar gezeichneten oder kunstvoll geformten Blättern. Diese Stauden werden als Blattschmuckstauden bezeichnet. Neben der Elfenblume und der Funkie gehören Bergenien, Farne und viele Gräser zu dieser Pflanzengruppe. So können durch die Kombination verschiedener Blattformen und -farben spannende Pflanzenbilder geschaffen werden. Ein großer Vorteil ist, dass die Blätter ganzjährig in den Beeten zu sehen sind, wohingegen die Blüten nur einen kurzen Teil der Vegetationszeit ihre Schönheit zeigen.

Die Funkien sind die beliebtesten Blattschmuckstauden im Landhausgarten. Mehr als 40 Arten sind in Japan, China und Korea beheimatet. Die Laubblätter sind mehr oder weniger groß, oftmals leicht herzförmig oder langgespitzt. Die Blattfarbe reicht von Hell- und Dunkelgrün, über Blaugrau bis hin zu den panaschierten Farbspielen. Mal ist der Blattrand weiß und die Mitte grün, mal ist das Mittelfeld weißlich und der Blattrand grün. Tief im Schatten leuchten besonders die hellen Blätter und erzeugen einen spannenden Kontrast zu dem oft einheitlich grünen Laub der umgebenden Vegetation. Aber bei der Verwendung von zu vielen unterschiedlichen Sorten ist Vorsicht geboten. Das Beet kann schnell unruhig und kitschig wirken.

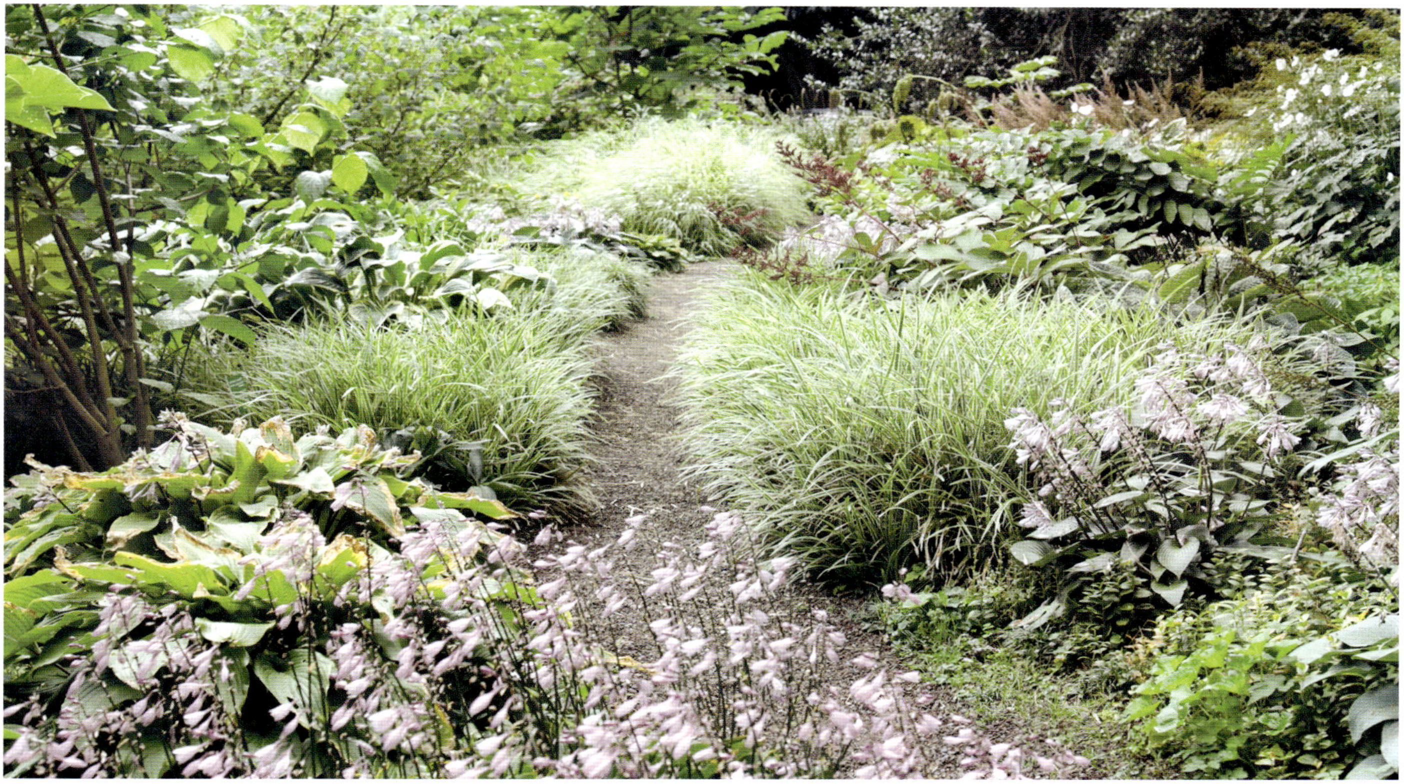

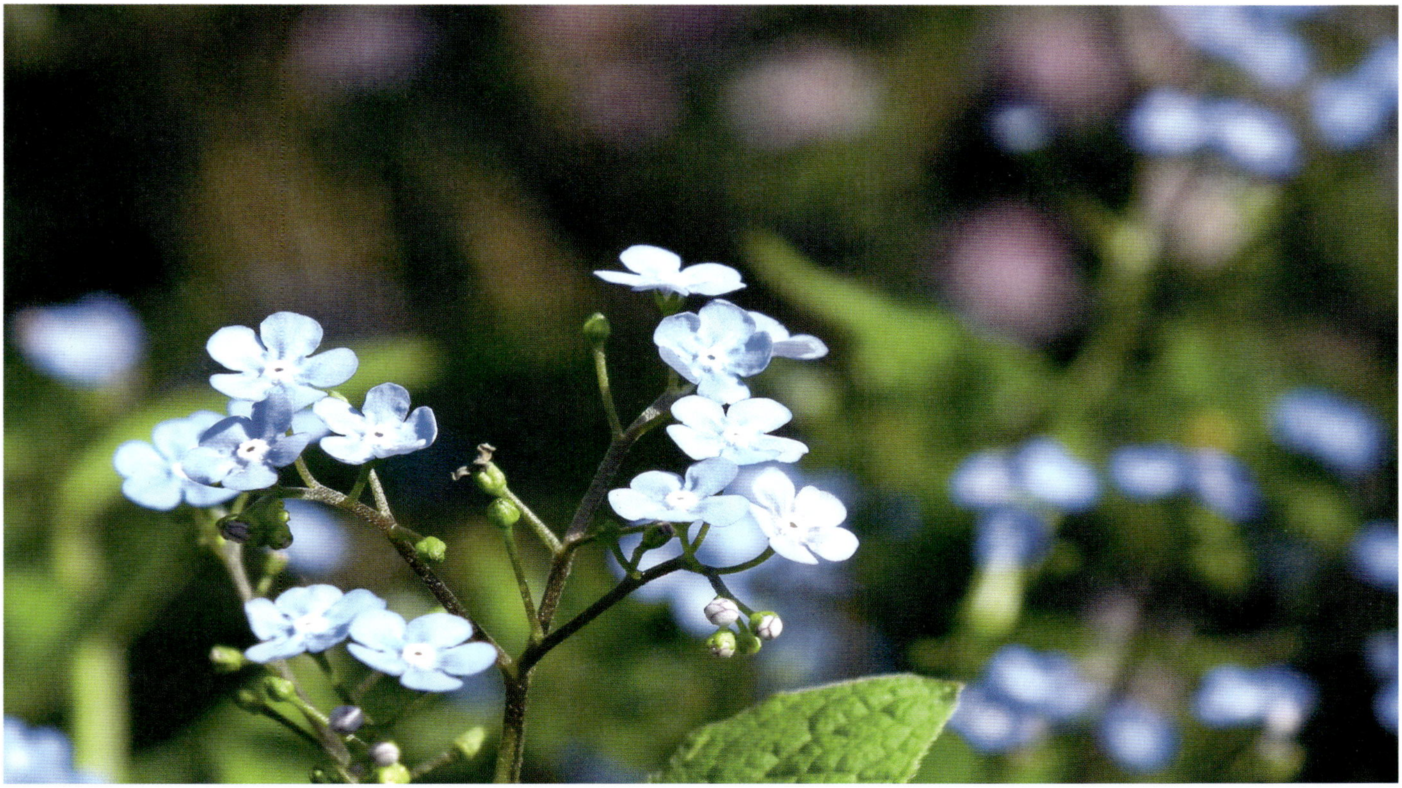

English Border
– eine üppige Fülle

Sind die Parameter Lebensbereich, Standort und Boden bestimmt, geht es an die Planung der Flächen mit den einzelnen Staudenarten. Wenn wir an die üppigen Staudenbeete in den großen Landhausgärten denken, fällt automatisch der Begriff „English Border". Das sind üppige Rabatten in englischen Gartenanlagen. Überreich blühende, endlose Staudenbeete, erheben sich rechts und links eines breiten Rasenweges. Im Hintergrund werden sie durch eine geschnittene Hecke oder eine schöne Backsteinmauer begrenzt, farblich feinabgestimmt und in der Höhe elegant gestaffelt.

Aber auch in kleineren Gärten ist eine solche Beetgestaltung durchaus machbar. Nehmen Sie einige wenige Arten und kombinieren Sie diese. Dabei ist die Höhenstaffelung sehr wichtig. Im hinteren Beetbereich werden die hohen Stauden angesiedelt. Meistens 3 bis 4 Leitstaudenarten, die von höheren Begleitstauden flankiert werden. Im mittleren Bereich pflanzen Sie halbhohe Arten, ein paar wenige Leitstauden mittlerer Höhe und dazu einige Gruppen mit Begleitstauden. Die dahinterliegenden Stauden sollten während der ganzen Vegetationsperiode gut zu sehen sein. Vorne stehen die niedrigen Arten und Sorten, die das Beet einfassen und den Boden mit ihren Blättern bedecken. Neben den Begleitstauden sind das vor allem die Bodendeckerstauden, die in größeren Gruppen verwendet werden.

Stauden teilen

Meistens wird zu viel und zu eng gepflanzt. Zahlreiche Stauden wachsen mächtig, und schon nach ein paar Jahren wird es in den Rabatten zu eng. Schwächere Stauden verkümmern und hohe Stauden werden vor lauter Platznot in die Höhe getrieben. Kurzlebige Stauden, wie z.B. das Mädchenauge, vergreisen, man sollte sie regelmäßig nach 2 bis 3 Jahren verjüngen. Pflanzen, deren Blühfreudigkeit im Laufe der Jahre nachlässt oder deren Mitte verkahlt, benötigen ebenfalls eine Bearbeitung, damit sie wieder blühfreudig werden und wuchskräftig bleiben. In allen Fällen ist es Zeit, im Frühjahr oder Herbst einen Teil der Stauden herauszunehmen und zu teilen. Die Pflanzen werden dazu mit einem Spaten oder einer Grabegabel ausgestochen und in faustgroße Stücke zerlegt. Nun schneidet man die langen Faserwurzeln mit einem scharfen Messer auf Handbreite zurück. Die so vorbereiteten Teilstücke lassen sich dann einpflanzen und wachsen zu neuen, gesunden Exemplaren heran. Durch das Teilen entstehen wieder Stauden mit Eigenschaften, die völlig denen der Mutterpflanzen entsprechen. Sind die Beete bepflanzt und noch Teilstücke übrig, dann erfreuen Sie damit sicher Freunde und Bekannte.

Pflanzenschutz

Damit die Staudenbeete langlebig und die Pflanzen weniger krankheitsanfällig sind, sollte beim Kauf der Pflanzenware auf bewährte Sorten und eine gute Qualität geachtet werden. Dennoch ist ein Befall mit Schädlingen und Krankheiten nicht auszuschließen. Gerade in warmen Sommern mit viel Regen entsteht schnell ein geeignetes Klima für Blattläuse und Mehltau. Im Staudengarten darf es allerdings ruhig ein paar mehr schädliche Lebewesen geben als im Nutzgarten. Liegen erste Anzeichen einer Erkrankung vor, sollten man überlegen, ob teure Pflanzenschutzmittel die richtige Wahl sind oder ob der Erreger auf natürliche Weise kontrolliert werden kann. Zum Beispiel werden die Blattläuse von Marienkäfern gefressen. Gleichzeitig melken Ameisen, angelockt vom frischen Honigtau, die Blattläuse regelrecht und verteidigen sie gegen Marienkäfer und andere Fressfeinde. Aus diesem Grund sollte gleichzeitig auch der Ameisenbefall bekämpft werden. In einigen Fällen, in denen bestimmte Schaderreger oder Krankheiten überhand nehmen, ist eine gezielte Bekämpfung unumgänglich. Dafür stehen zahlreiche chemische und biologische Pflanzenschutzmittel zur Verfügung.

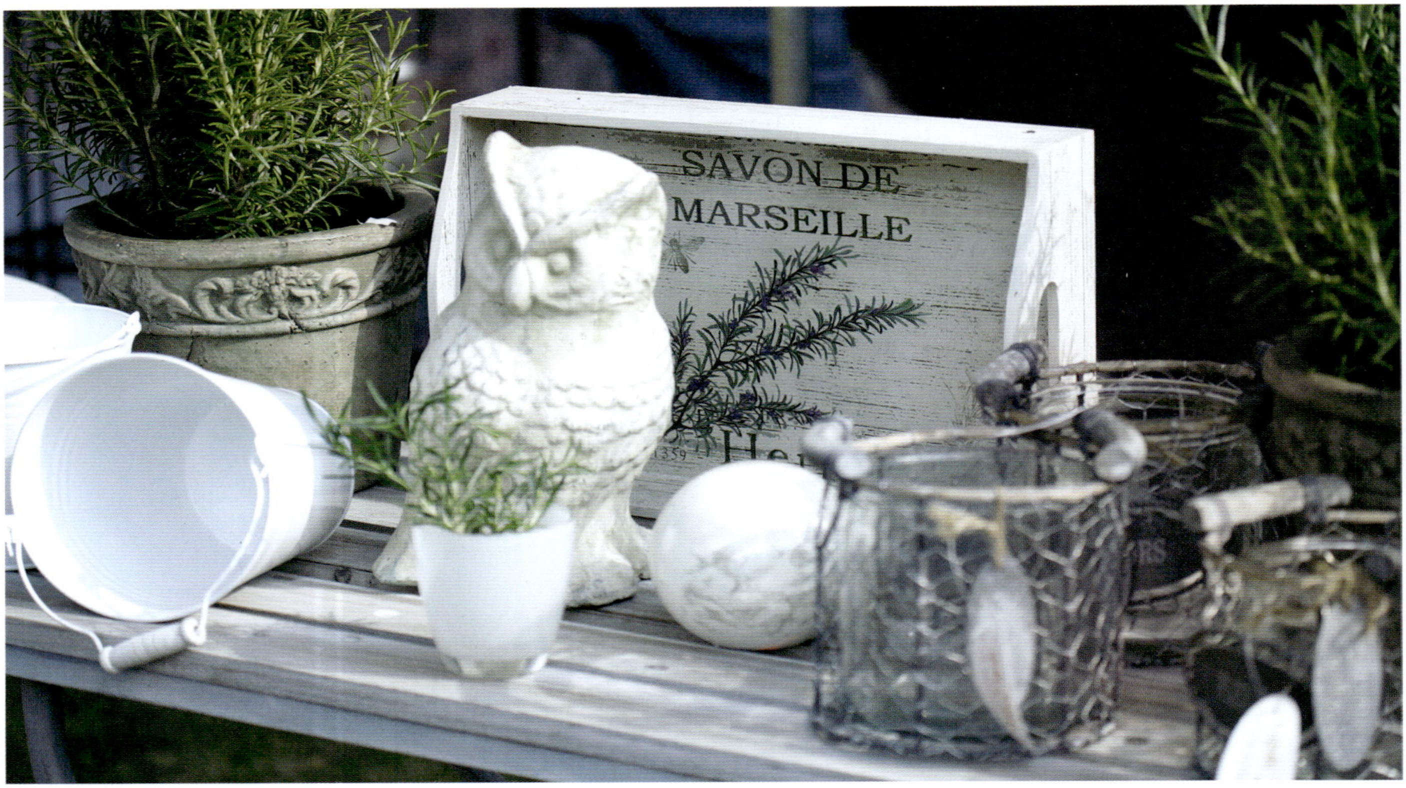
SAVON DE
MARSEILLE

Hosta
Gärtchen

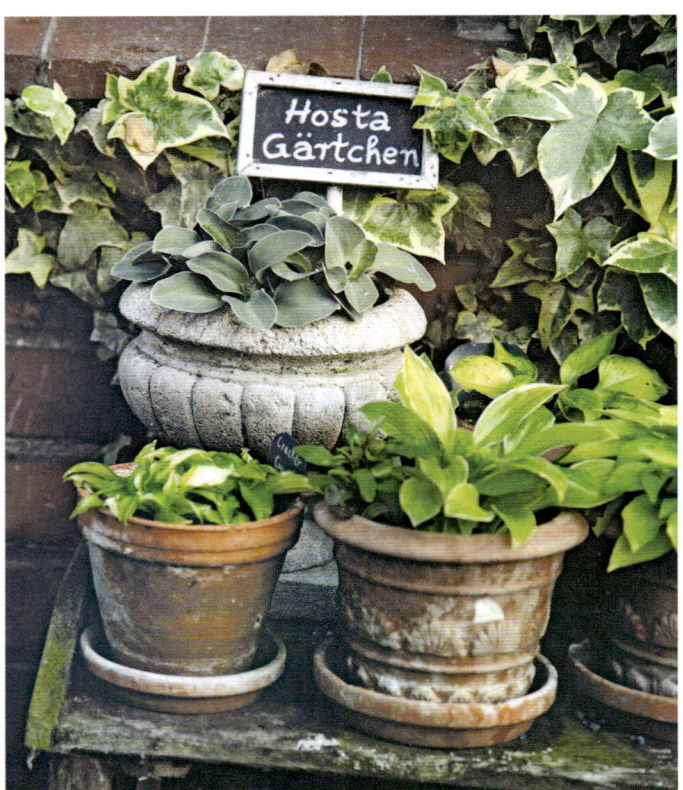

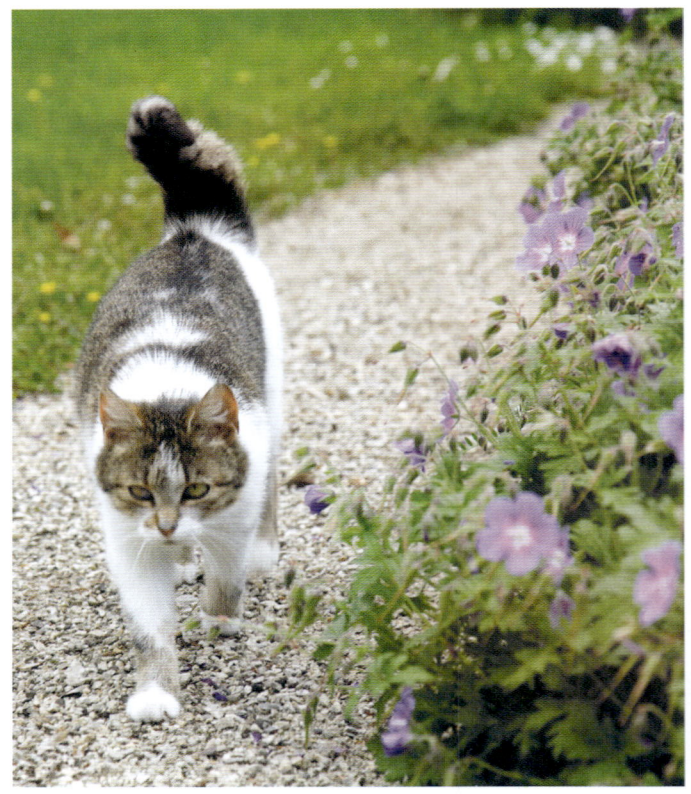

Ein sommerlicher

Lieblingsplatz
im Schatten

Die meisten Terrassen sind zur Sonne hin ausgerichtet und grenzen direkt an ein Wohngebäude. Sitzplätze dagegen sind eher schattige Rückzugsorte, nicht selten abgelegen oder gar versteckt. Oft ist nur Platz für eine Sitzbank, gedacht für einen kurzen Aufenthalt. Suchen Sie in Ihrem Garten eine passende Stelle und schmücken sie mit duftenden und farbenfrohen Stauden. So bleibt neben der Ruhe auch der Genuss für die Sinne nicht aus.

Rosen
Königin der Blumen

Seit mehr als 2000 Jahren werden Rosen als Zierpflanze gezüchtet. Schätzungsweise gibt es heute bis zu 250 Arten, in unterschiedlichen Größen, Wuchsformen und Blütenfarben. Aus den Kronblättern wird das Rosenöl, ein wichtiger Grundstoff für die Parfümindustrie, gewonnen.

Rosen
– eine vielfältige Pflanzengruppe

Kaum ein Garten kommt ohne Rosen aus. Sie ist mit Abstand die beliebteste Gartenpflanze. Seit Jahrhunderten ist man von ihren Blüten und Düften fasziniert. Es wird berichtet, dass Eva, als sie aus dem Paradies vertrieben wurde, heimlich eine Rose aus dem Garten mitnahm und sie so in unsere weltlichen Gärten brachte. Tatsächlich stammt die älteste Rosendarstellung aus dem Palast von Konssos im alten Kreta (etwa 1.500 v. Chr.). Bei den Persern wurde die Rose zur meist geschätzten Gartenpflanze und im Römischen Reich erreichte der Rosenkult eine weitere Hochblüte. Karl der Große erließ im Mittelalter eine Verordnung, nach der in jedem Garten ein Rosenstock als Heilpflanze anzubauen war. In der Zeit der Renaissance trat der Zierwert der schönen Pflanze in den Vordergrund. Im Barock und Rokoko setzte sich die Rose in Europa als Königin der Blumen durch. Anfang des 19. Jahrhunderts wurden die neuen Kulturrosen verstärkt angebaut und die Zeit der modernen Rosen begann.

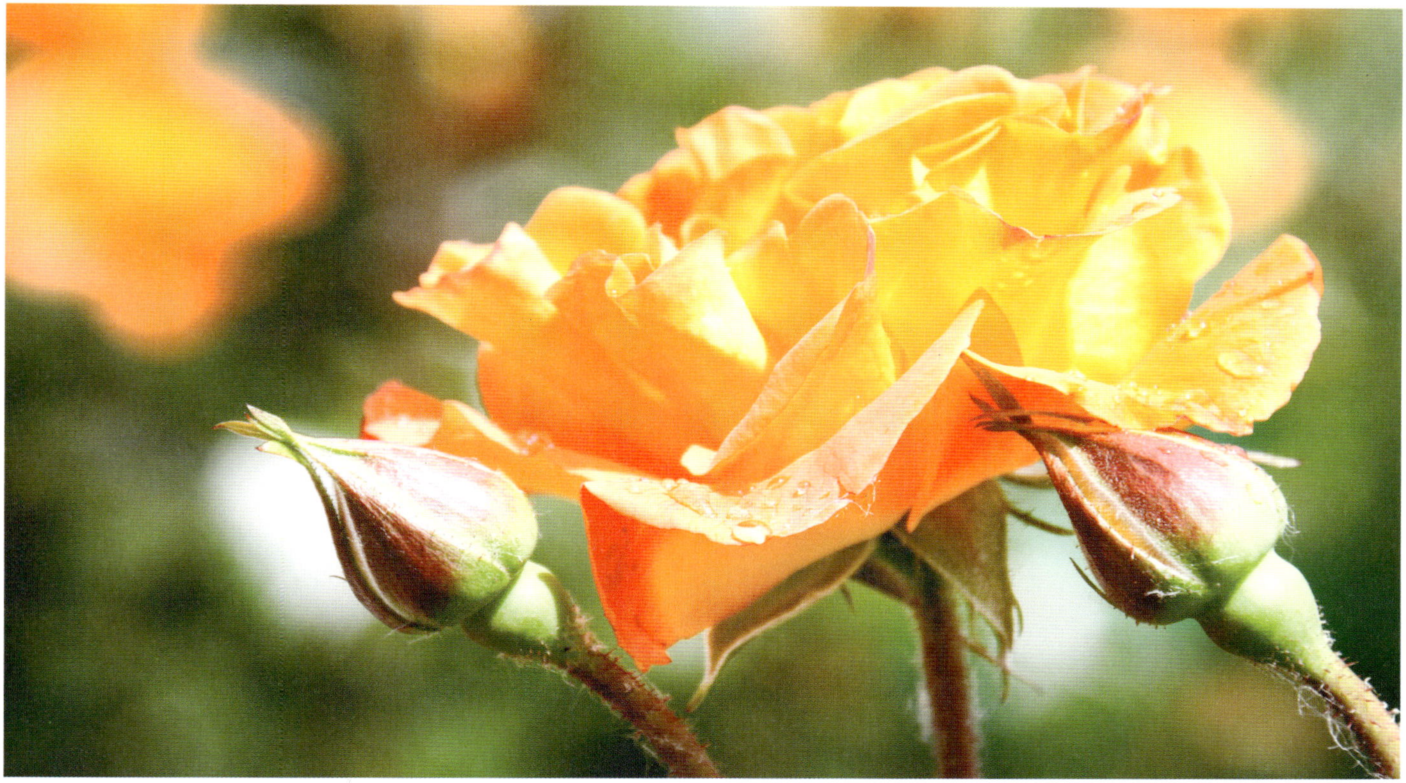

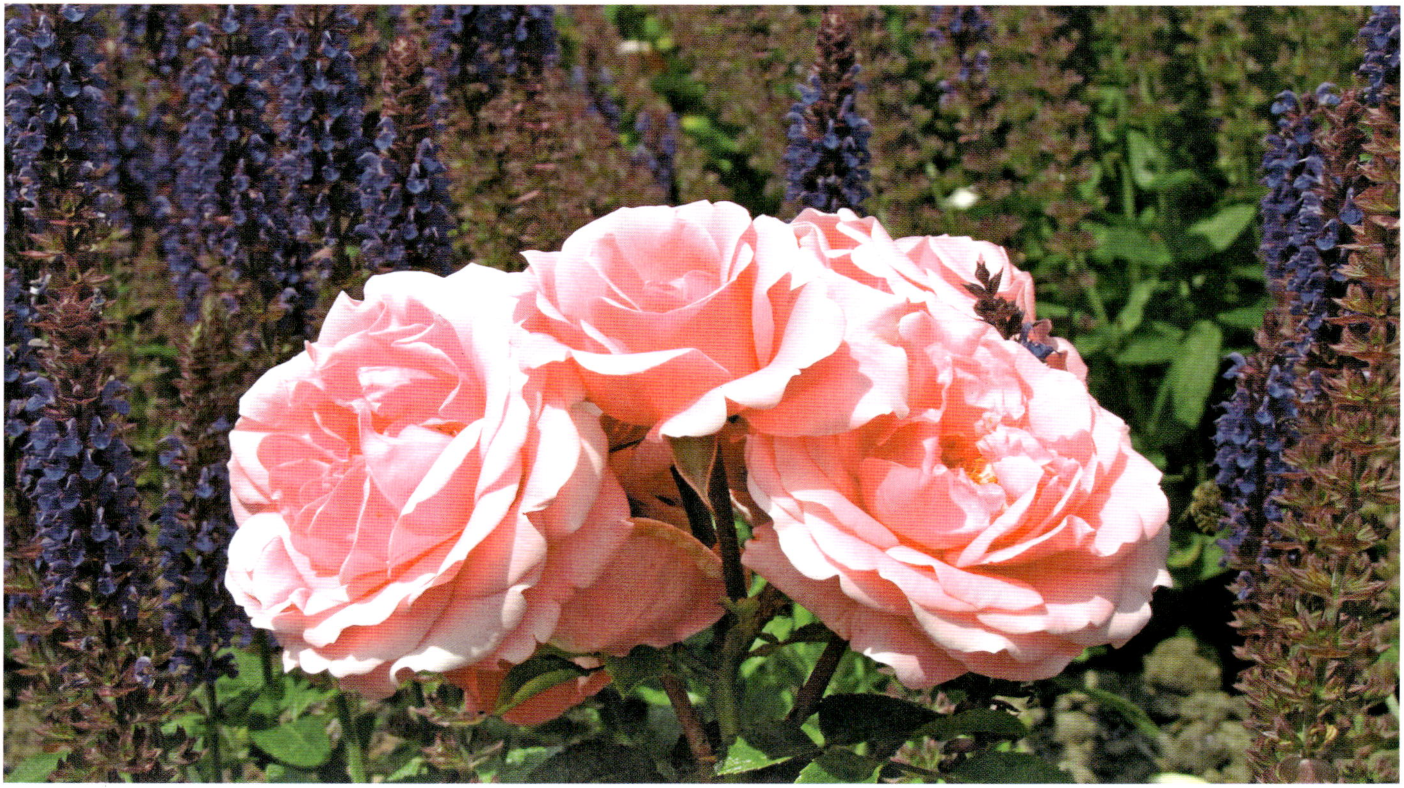

Der eigene
Rosenzauber
zu Hause

Die Vielzahl der heute vorhandenen Rosensorten lässt sich nach ihrem Verwendungszweck bzw. ihren Wuchseigenschaften in vier große Rosengruppen einteilen. Es gibt die Rosen als Blütensträucher (Strauchrosen, Englische Rosen, Wildrosen), die für Blumenbeete (Beetrosen, Edelrosen), die als Bodendecker verwendet werden, und die kletternden Rosen (Kletterrosen, Rambler-Rosen). Züchter unterscheiden ihre Rosen oftmals in Klassen, was aber sehr kompliziert ist und hier außer Acht gelassen wird.

Nun heißt es, die richtige Rose für den Garten zu finden. Ein wichtiges Kriterium ist der spätere Standort und das damit verbundene Platzangebot. Möchte ich eine Wand begrünen, einen Baum beranken lassen oder eine Pergola mit reichem Blütensegen versehen? Aus den oben genannten Rosengruppen kann so schnell die passende Wahl getroffen werden. Beim Kauf ist zu empfehlen, auf Eigenschaften wie Robustheit, Wuchskraft, Blühwilligkeit, Farbbeständigkeit und Winterhärte zu achten. Dies sind nur einige der Eigenschaften, die ADR-Rosen besitzen müssen. Das ADR-Prädikat „Allgemeine Deutsche Rosenneuheitenprüfung" wird von einem Arbeitskreis aus Vertretern des Bundes deutscher Baumschulen, Rosenzüchtern und unabhängigen Experten verliehen. In 11 Prüfgärten in Deutschland werden die Rosen über 2 bis 3 Jahre auf die festgelegten Merkmale geprüft. Erfüllt eine Sorte alle Eigenschaften sehr gut, bekommt sie die Auszeichnung verliehen.

Gartenpraxis

Pflanzung

Rosen brauchen offene Böden rund um den Wurzelstock, damit sie nicht um Wasser und Nährstoffe konkurrieren müssen. Der Boden an sich sollte ein Lehm-Sand-Gemisch sein. Da dieses in den meisten Gärten nicht vorhanden ist, braucht es eine Bodenverbesserung mit Kompost und je nach fehlendem Anteil mit Sand oder Lehm. Dann kann die Rose in den Boden gesetzt werden. Darauf zu achten ist, dass beim Einpflanzen die Veredlungstelle etwa 3 bis 5 cm unter der Erdoberfläche liegt. Sie ist das Herzstück der Rose und muss vor Austrocknung und Frost geschützt werden. Nach dem Pflanzen muss unbedingt angegossen werden.

Düngung

Der Nährstoffbedarf bei Rosen ist sehr groß. Für den jährlichen Neuzuwachs und eine reiche Blütenfülle bedarf es einer ausreichenden Versorgung. Am besten werden die Parameter per Bodenanalyse bestimmt. Eine Grundversorgung im Frühjahr mit einem mineralischen oder organischen Dünger lässt die Pflanze gut starten. Eine weitere Düngung sollte bei öfterblühenden Rosen direkt nach der ersten Blüte erfolgen.

Pflanzenschutz

Auch bei einer guten Wahl der Rose und bester Pflege bleibt es nicht aus, dass die Pflanzen von Schädlingen oder Krankheiten befallen werden. Am häufigsten kommen Sternrußtau, Echter Mehltau, Rosenrost, Blattläuse, Spinnmilbe und die Rosenzikade vor. Zwecks Erkennung und Behandlung lassen Sie sich im örtlichen Fachgeschäft beraten.

Schnitt

Um bei Gartenrosen eine möglichst üppige Blüte, einen schönen Wuchs und gesunde Pflanzen zu erhalten, ist ein regelmäßiger Schnitt notwendig. Wie bei allen Gehölzen gilt auch bei Rosen: ein kurzer, schwacher Rückschnitt bewirkt einen schwachen Austrieb und ein langer, also starker Rückschnitt einen starken Austrieb. Durch die Stärke des Rückschnitts kann man die unterschiedliche Wuchskraft der verschiedenen Sorten beeinflussen. Manchmal treiben aus der Basis neue Triebe aus, Wildtriebe genannt. Sie müssen möglichst frühzeitig entfernt werden, da sie der veredelten Rose Konkurrenz machen.

Winterschutz

Die heimischen Wildrosen benötigen keinen zusätzlichen Winterschutz. Anders verhält es sich bei vielen veredelten Gartenrosen. Die Veredlungstelle muss oftmals geschützt werden. Die Wintersonne, der häufige Wechsel zwischen Auftauen und Gefrieren und austrocknende Winde stellen eine Gefahr dar. Zum Überwintern werden Beet- und Edelrosen sowie auch Englische Rosen angehäufelt und mit Reisig abgedeckt. Strauch- und Bodendeckerrosen brauchen gewöhnlich keinen Winterschutz, außer es handelt sich noch um Jungpflanzen. Kletterrosen werden am Grund angehäufelt und erhalten je nach Sorte auch einen Reisigschutz. Stammrosen sind generell frostgefährdet, da die Veredlungstelle außerhalb der Erde liegt. Man schützt sie, indem sie mit luftdurchlässigem Material, wie z.B. Sackleinen oder Reisig, eingepackt werden. Erfahrungsgemäß überleben die meisten Rosen die milden Winter mittlerweile ohne den beschriebenen Winterschutz.

Teehybriden oder Edelrosen sind Rosen mit besonders elegant geformten Blüten. Ihre länglichen und meist stark duftenden Blüten sitzen einzeln auf langen Stielen. Die Verwendung als Schnittrose ist geradezu prädestiniert. Die bekannteste Sorte dieser Gruppe ist die gelb blühende Sorte 'Gloria Dei', die als die meist gepflanzte Edelrose aller Zeiten gilt und 1945 eingeführt wurde.

Beetrosen sind prägend für die früher so beliebten Rosenbeete, wo die Pflanzen ordentlich in Reihe aufgepflanzt waren. Heute kombiniert man sie mit Stauden und niedrigen Gräsern. Sie werden auch Polyantha- oder Floribundarosen genannt. Beetrosen blühen über den gesamten Sommer und bringen etwa 10 bis 12 Blüten am Stiel hervor. Sie treiben üppiger und stärker aus als die meisten Edelrosen und blühen außerdem beständiger.

Strauchrosen können freistehend oder in einer Hecke verwendet werden oder in Kombination mit Ziersträuchern und Stauden. Man unterscheidet in dieser Gruppe zwischen einmalblühenden und öfterblühenden Rosen. Letztere blühen nach der Hauptblüte im Frühsommer nach einer Blühpause noch ein zweites Mal im Spätsommer. Beispielhaft für diesen Rosentyp ist die starkwüchsige, cremeweiß blühende Züchtung 'Petticoat'.

Hoch hinaus geht es in der Gruppe der Kletterrose. Die dicken, etwas starren Triebe benötigen unbedingt eine Rankhilfe an der sie Halt finden. Kletterrosen werden zwei bis zehn Meter hoch und je nach Sorte und Art sind sie einmal oder mehrmals blühend. Mit ihr lassen sich wunderbar blühende Sichtschutzhecken pflanzen, aber auch Pavillons und Lauben begrünen. Die Sorte 'New Dawn' von Kordes hat öfterblühende, zart perlmuttrosafarbene Blüten.

Wildrosen zählen zu den strauchartig wachsenden Rosen. Teilweise sind sie recht ungestüm und brauchen entsprechend viel Platz, was bei der Anschaffung bedacht werden muss. Sie passen perfekt zum natürlichen Charakter von Landhausgärten. Mit ihren ungefüllten Blüten, die nur einmal im Jahr blühen, sind sie die ursprünglichste Rosengruppe und gelten als Vorfahren der Gartenrose. Sie sind robust und pflegeleicht. Ökologisch sind sie u.a. als Vogelschutzgehölz wertvoll.

Englische Rosen sind untrennbar mit dem Namen David C. H. Austin verbunden. Er ist ein englischer Rosenzüchter, der seit den 1960er Jahren diese berühmten Rosen züchtet. Als Aufgabe beschrieb er die besonders schön duftenden, alten Rosen mit den moderneren Teehybriden und Floribundarosen wegen ihrer zuverlässigen Remontierfähigkeit und dem breiten Farbspektrum zu kreuzen. 1963 gelang ihm mit 'Constance Spry' die erste Züchtung mit diesen Eigenschaften.

Rambler-Rosen sind eine relativ junge Entwicklung in der Rosenzüchtung. Es handelt sich um eine Gruppe von kletternden Rosen, die mit langen und biegsamen Trieben ohne Kletterhilfe an Bauteilen und Bäumen bis zu zehn Meter hochranken und mit ihren kleinen, wildrosenartigen Blüten eine überraschende Wirkung entfalten. Ohne Rückschnitt und Pflege können sie in naturnahen Gärten sich selbst überlassen werden. Die bekannteste Sorte ist 'Bobbie James'.

Bodendeckerrosen sollen mit ihren dicht belaubten Trieben und den zahlreichen Blütenköpfen den Boden mehr oder weniger vollständig bedecken. Sie bilden prächtige Blütenteppiche und mit ihnen lassen sich unschöne Ecken verdecken. Die Sorte 'Heidetraum' des Gütersloher Züchters Noack steht sinnbildlich für diese fast unverwüstliche Pflanze. Ihre karminrosaroten, halb gefüllten Blüten leuchten bis in den späten Herbst hinein.

Rosentriebe
kunstvoll binden

Neben Kletterrosen werden in den Gärten vielfach auch Strauchrosen mit Rankhilfen gestützt. Dies ist nicht nur für den bloßen Halt wichtig, sondern an ihnen können Rosen gezielt zu einem kompakteren Wuchs erzogen werden. Dafür werden die Triebe an der Rosenstütze bogig heruntergebunden. Dies ähnelt dem Herunterbinden von Kletterrosentrieben, die so ebenfalls zu mehr Wachstum und Blütenfülle angeregt werden. Diese Anbindeart trägt dazu bei, dass sich viele neue Seitentriebe entwickeln und die Rose eine üppige Anzahl von Blüten ausbildet.

Eine andere Methode ist das Niederhaken. Dazu werden die Triebe bis auf ca. 30 cm über den Boden mittels Drahtseilen und Erdanker heruntergebunden. Dadurch wird der zusätzliche Austrieb ebenfalls angeregt. Allerdings ist hierfür deutlich mehr Platz notwendig.

Rank- und Kletterhilfen

Damit Kletterrosen eine optimale Stütze
erhalten, werden Rankhilfen in unterschiedlichen Ausführungen angeboten,
um zum spezifischen Wuchsverhalten
einer Rosenart zu passen.
Pavillons, Pergolen, Lauben, Rosenbögen
und Rankgitter werden am Markt aus
verschiedenen Materialien angeboten.
Schwachwüchsigere Kletterrosen benötigen eine andere Rankunterstützung
als Rambler-Rosen. Letztere können bis
zu zehn Meter hoch werden und brauchen
eine festere und größere Stützhilfe,
z.B. einen Baum.

Etagere mit
Blüten–Cup-Cakes

Die Kaffeetafel ist gedeckt, nur noch die Tischdekoration fehlt. Schnell raus in den Garten verschiedene Rosenblüten schneiden und stilvoll in kleinen Förmchen arrangieren. Mit einem Stück angefeuchteten Steckschwamm halten sich die Köpfe einige Tage.

Filigrane Gräser
tanzen im Wind

Eine große Anzahl an verschieden-
farbigen und unterschiedlich hohen
Gräsern stehen für sonnige und
schattige Standorte zur Auswahl.
Das sommergrüne *Miscanthus
sinensis 'Gracillimus'* ist eine sehr
alte und bekannte Sorte von Karl
Foerster und bereits seit vielen
Jahren in unseren Gärten verbreitet.

Anmutige *Gräser –* die neue Leichtigkeit

Aus Natur und Garten sind Gräser nicht mehr wegzudenken. Auch in den Landhausgärten sind sie mittlerweile angekommen, äußerst beliebt und vielseitig einsetzbar. Für alle Gartenbereiche, für alle Standorte und Situationen gibt es passende Gräser. Im Staudenbeet übernehmen hohe Gräser die Aufgaben von Leitstauden, während niedrige Arten für das richtige Füllvolumen zwischen den Begleitstauden sorgen. In der vollen Sonne fühlen sich Chinaschilf und Reitgras wohl und im tiefen Schatten unter Bäumen gedeihen viele Seggen. Riesengräser und Polsterzwerge, die Vielfalt der Gestaltungsmöglichkeiten ist fast unerschöpflich. Manche Gräser wachsen straff aufrecht, andere bogig überhängend. Diese auffälligen Wuchsformen lassen sich bewusst einsetzen. Nicht nur im Sommer sind diese Pflanzen eine Schau. Besonders im Herbst und weit in den Winter hinein bringen sie Struktur in die Beete und heben, bewusst eingesetzt, die Umgebung positiv hervor.

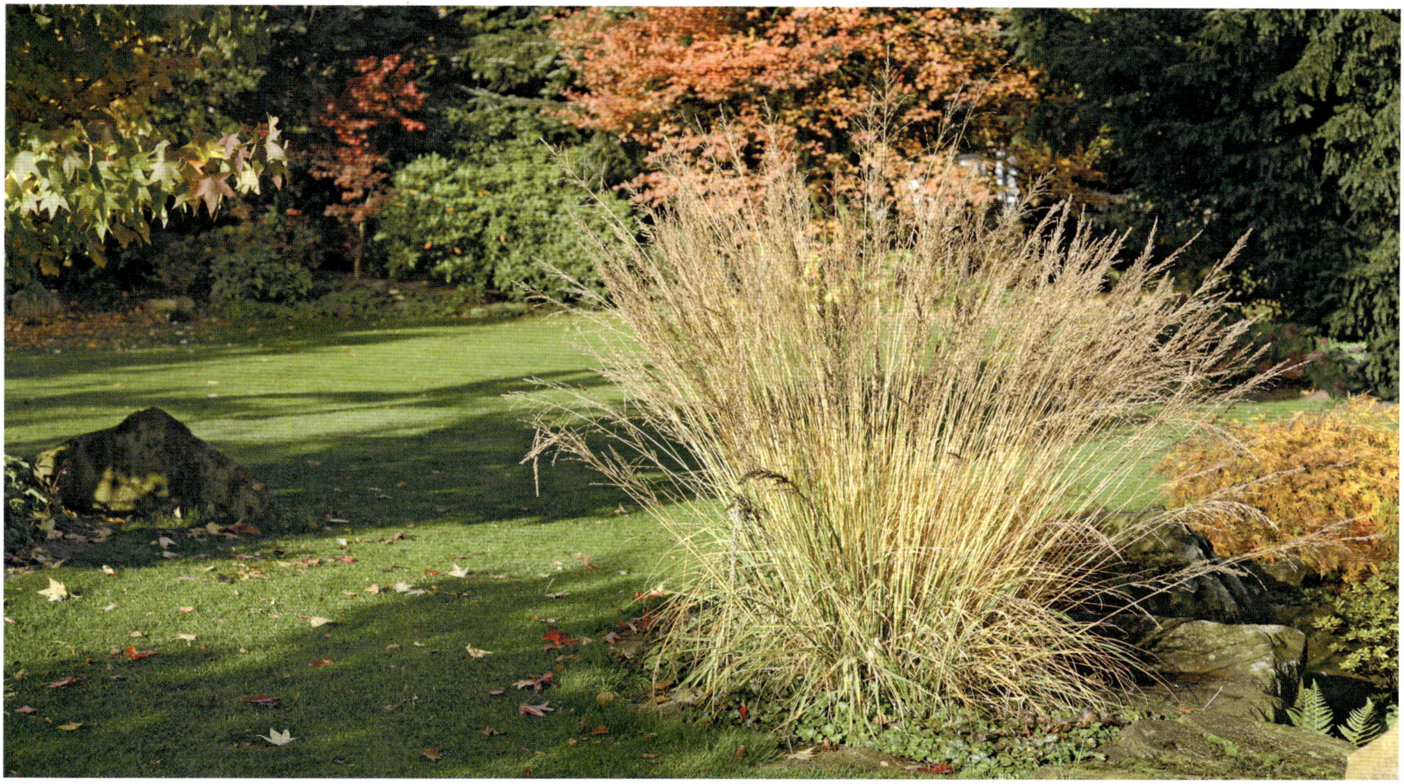

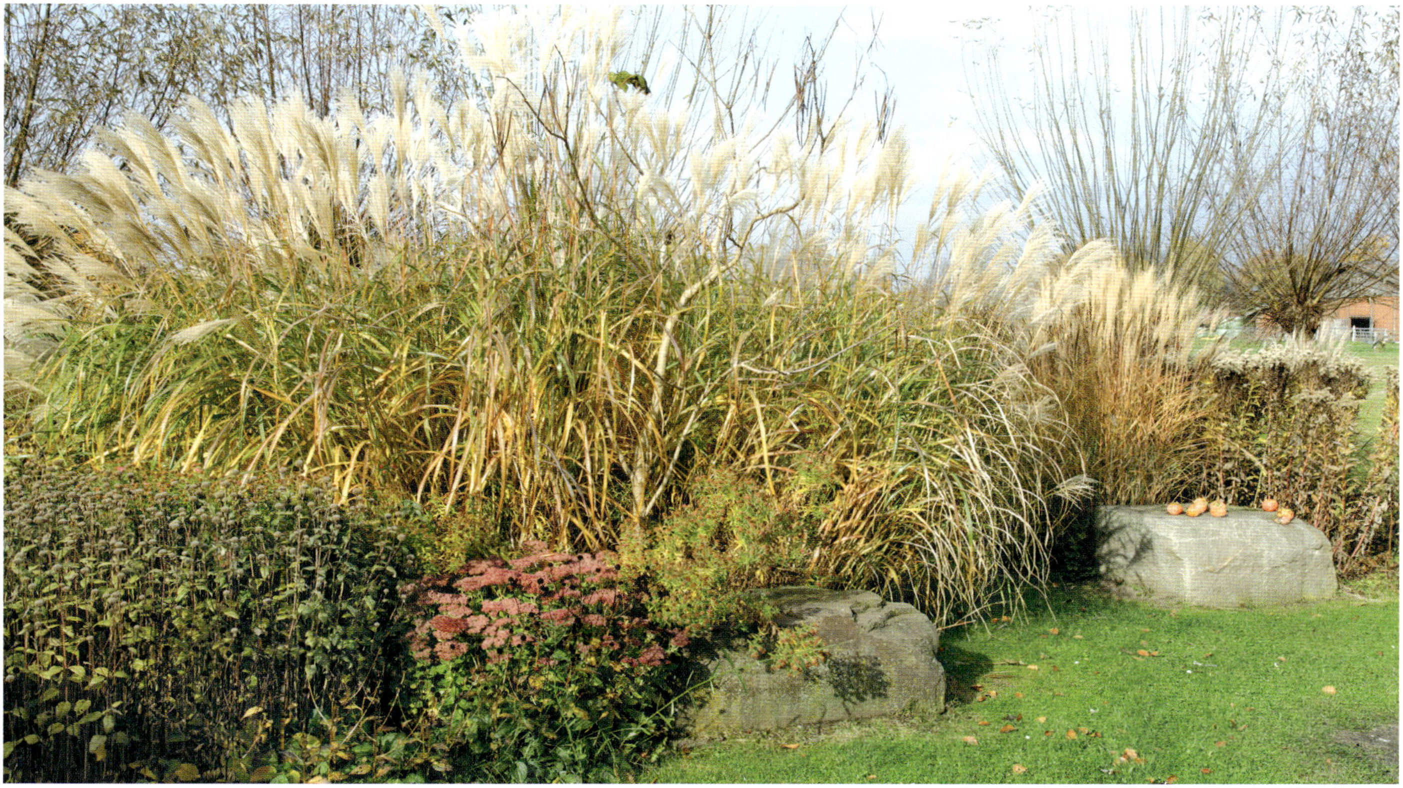

Das *Lampenputzergras* (*Pennisetum alopecuroides*) wird auch Federborstengras genannt. Die Halme erreichen je nach Sorte Wuchshöhen zwischen 30 und 120 cm. Die Blütenstängel tragen die namensgebenden Blüten, die in ihrer borstig-fedrigen Form an Lampenputzer erinnern. Diese Gräserart kommt einzeln platziert, aber auch in Gruppen gut zur Geltung. Empfehlenswert ist die kompakter wachsende Sorte 'Hameln'.

Die rote Laubfarbe ist namensgebend für das *Purpur-Federborstengras* (*Pennisetum setaceum*), mit einer Blatthöhe von 50 bis 60 cm ist es als Füllpflanze im Staudenbeet und zwischen Sommerblumen empfehlenswert, aber auch als Solitär in Töpfen sehr wirkungsvoll. Im Gegensatz zum nebenan beschriebenen Lampenputzergras ist diese Art nicht winterhart und muss jährlich neu gezogen werden. Die Sorte 'Rubrum' besitzt purpurviolettes Laub.

Das gestreifte *Zebragras* (*Miscanthus sinensis 'Zebrinus'*) ist eine historische Sorte, die bereits 1896 in „Möller's Deutsche Gärtner-Zeitung" beschrieben wurde. Die quergestreiften Blätter erinnern an das Fellmuster eines Zebras. Mit einer Höhe von 170 bis 200 cm findet es Verwendung als Gras in Einzelstellung oder auch in Gruppenpflanzungen. Für die Floristik liefert das Zebragras wertvolles Schnittgrün. Bei uns kommt das Gras nur in warmen Sommern zur Blüte.

Das Amerikanische *Pampasgras* (*Cortaderia selloana*) erreicht Wuchshöhen von 45 bis 300 cm. Es kommt in Südamerika in Brasilien, in Uruguay und von Chile bis Mittel-Argentinien in der Pampa auf Sand- und Schwemmböden vor. Daher auch der Name Pampasgras. Als Solitärstaude, Schnittblume sowie für Trockensträuße wird es vielseitig genutzt. Die klein bleibende Sorte 'Pumila' wächst kompakt und ist für geringere Flächengrößen gut geeignet.

Die goldbunt gestreiften Blätter des *Japan Goldbandgras* (*Hakonechloa macra 'Aureola'*) setzen wirkungsvolle Akzente im lichten Schattenbereich. Mit 20 bis 40 cm Wuchshöhe ist es ideal zur Unterpflanzung von Gehölzen, auch in Kombination mit Funkien, Glockenblumen und Farnen. Das edle Farbspiel wird vom sanft überhängenden Wuchs perfekt unterstrichen. Die Sorte 'Aureola' besitzt gelbgrün gestreiftes Laub.

Der silbrige Rotton und seine wunderschöne Herbstfärbung machen das *Chinaschilf* (*Miscanthus sinensis 'Malepartus'*) zu einem prachtvollen Blickfang. Verwendung findet es als Solitär, in Gruppen oder am Teichrand. Das 170 bis 200 cm hohe Gras ist auch im Winter ein wichtiger Strukturbildner. Die Sorte 'Malepartus' wurde von Ernst Pagels gezüchtet, der nach Karl Foerster und Georg Arends einer der bedeutendsten deutschen Staudenzüchter des 20. Jahrhunderts war.

Die für den halbschattigen bis schattigen Bereich sehr wüchsige *Weißrand-Japan-Segge* (*Carex morrowii 'Variegata'*) reagiert sehr empfindlich auf die Wintersonne. Das 30 bis 40 cm hohe Gras fügt sich locker eingestreut oder auch gruppenweise gepflanzt gut ins Staudenbeet ein. Die Sorte 'Variegata' mit den schmalen weißen Streifen am Rand gilt als Klassiker, der seit 1895 in Kultur ist, und kann perfekt zur Aufhellung schattiger Bereiche verwendet werden.

Straff aufrecht stehen die Halme des *Garten-Reitgras* (*Calamagrostis x acutiflora 'Karl Foerster'*). Dieses dekorative Ziergras wird 100 bis 150 cm hoch und eignet sich sowohl zur Einzelstellung als auch für die Gruppenpflanzung. Der Standort sollte sonnig sein, da im Schatten die Blütenhalme leicht umknicken. Karl Foerster hat dieses Gras unter dem Namen 'Stricta' eingeführt. Nach seinem Tod wurde es ihm zu Ehren umbenannt.

Gräser
im eigenen Garten

Verschiedene Gräser und Stauden lassen sich perfekt miteinander kombinieren. Die Herangehensweise bei der Planung kann ganz unterschiedlich sein. Häufig geht es um Lieblingsformen und -farben, aber auch um Trends und Vielfalt. Gerade in den letzten Jahren sind Gräser verstärkt in den Fokus geraten. Lange genug wurden die filigranen Pflanzen überwiegend als Solitäre oder Beiwerk verwendet. Heute haben wir erkannt, dass Gräser eine prächtige Bereicherung in unseren Beeten sind. Die Wildheit der Landhausgärten lassen sich durch den Einsatz spektakulärer Arten noch steigern. Wie in der Natur stützen sich hohe Gräser und niedrige Stauden. Da die meisten Gräser ihren Höhepunkt im Spätsommer und Herbst haben, benötigen sie Stauden als Partner, die auch in diesem Zeitraum blühen. Doch auch Pflanzungen, die nur aus Gräsern bestehen, können sehr attraktiv sein. Je nach Jahreszeit präsentieren sie sich völlig unterschiedlich, frischgrün und zart im Frühjahr, feurig orange im Herbst und raureifüberzogen im Winter. Der Aspekt des naturnahen Gartens ist auch Thema bei dem niederländischen Landschaftsgärtner Piet Oudolf. Er war einer der Ersten, der die Ästhetik im Garten der Natur entlehnte. Er gilt als Mitbegründer der „Dutch Wave", einer Strömung im „New Perennial Movement", der neuen Staudenbewegung, die die Pflanze und ihre Bedürfnisse in den Mittelpunkt stellt. Daraus ist ein naturalistischer Stil entstanden, der gekonnt Stauden, Gräser und Gehölze kombiniert.

Standorte

In jedem Garten gibt es verschiedene Standorte, die bei der Planung mit einbezogen werden. Dies gilt nicht nur bei der Verwendung von Gehölzen und Stauden, sondern auch bei Gräsern. Sonnige Standorte zeichnen sich dadurch aus, dass sie fast den ganzen Tag in der vollen Sonne liegen. Hier wachsen viele Steppen- und Präriegräser wie das Reitgras (*Calamagrostis x acutiflora*), die Neuseeland-Segge (*Carex comans*) und die verschiedenen Chinaschilf-Sorten (*Miscanthus sinensis i.S.*). Der halbschattige Standort liegt im lichten Schatten von Bäumen oder ist den größten Teil des Tages beschattet. Ungefähr 4 bis 5 Stunden Sonne sollten diese Bereiche jedoch bekommen. Viele Carex-Arten wie *Carex morrowii* und *Carex pendula* fühlen sich dort wohl. Aber auch das Pfeiffengras (*Molinia caerulea*) und die Rasenschmiele (*Deschampsia caespitosa*) werden hier gern mit passenden Stauden kombiniert. So gut wie keine Sonne bekommen die schattigen Standorte. Auch für diesen Bereich stehen uns einige Gräser zur Verfügung. Die Wald-Marbel (*Luzula sylvatica*) ist ein verlässlicher Vertreter, der selbst dunkelste Gartenecken dicht besiedelt. Die Breitblatt-Segge (*Carex plantaginea*) bildet flache Horste und leuchtet mit ihrem frischgrünen Laub aus der Dunkelheit.

Schnitt

Gräser gehören zu den unkompliziertesten Pflanzen überhaupt. Für ein üppiges Wachstum und eine reiche Blüte ist neben der Auswahl des richtigen Standortes eine regelmäßige Pflege notwendig. Die Forsythienblüte im Frühjahr markiert einen wichtigen Zeitpunkt im Gräserpflegekalender. Das abgestorbene Laub des Vorjahrs wird nun kurz vor dem Neuaustrieb entfernt. Ein radikaler Rückschnitt von frühlingsblühenden Gräsern nach der ersten Blüte kann angezeigt sein, wenn sie dann unansehnlich werden. Sonst ist das Abschneiden von Blütenständen vor der Samenreife nur sinnvoll, wenn die Gefahr einer unerwünschten Selbstaussaat besteht.

Vermehrung

Gräser können vegetativ, also durch Teilung, oder generativ durch Aussaat vermehrt werden. In den meisten Fällen wird aber durch Teilung der Wurzelstöcke das Gras vervielfältigt. Sie lassen sich recht einfach mit dem Spaten oder einer Grabegabel zerteilen. Der beste Zeitpunkt ist das Frühjahr oder der Herbst. Es ist darauf zu achten, dass die beiden Teile genügend Masse besitzen, damit sie schnell anwachsen.

Der Garten tut Körper & Seele gut

Geflochtene
Kränze
mit Pfiff

Das Gras hinterm Schuppen blüht gerade so schön. Da sind ein paar Halme für eine sommerliche Tischdekoration gerade richtig. Einige Gräser kommen zusammen mit Wiesen-Margeriten in die Vase, die andern werden zu einem Kranz geflochten und auf den Tellern hübsch arrangiert. Noch ein paar Blüten dazu und fertig ist die Zierde.

Himmelsstürmer
klettern hoch hinaus

Bei den Kletterpflanzen handelt es sich nicht um miteinander verwandte Arten, sondern sie haben eine gemeinsame Wuchsform. In den meisten Fällen werden sie eine geeignete Stütze benötigen. Kletterpflanzen gibt es in allen Formen und Größen, das macht sie so vielseitig einsetzbar.

Pflanzen
für die Begrünung

Es gibt kaum eine Pflanze die so vielseitig und nützlich ist wie die Kletterpflanze. Auch nur kleinste Bodenflächen reichen aus, um eine Mauer oder Drahtzäune üppig zu begrünen. Die nach oben strebenden Gesellen können schöne, bauliche Elemente betonen, aber auch Unschönes verdecken. Sie bringen mit ihren Blüten, Blättern, Früchten und Farben Struktur in den Garten. Fast alle Arten wachsen schnell und kraftvoll und sind kaum anfällig gegen Krankheiten und Schädlinge. Doch Vorsicht vor wuchernden Arten, die am falschen Ort gepflanzt so zu einer Plage werden können.

Viele Kletterpflanzen bedienen sich auf dem Weg nach oben spezieller Greifvorrichtungen. Es werden zwei Gruppen unterschieden. Zu den Gerüstkletterpflanzen gehören die Schlinger/Winder (z.B. Blauregen, Geißblatt), die Ranker ohne Haftscheiben (z.B. Clematis, Weinrebe) und die Spreizklimmer (z.B. Brombeere, Kletterrose). Die zweite Gruppe sind die Selbstklimmer mit den Haftwurzelkletterern (z.B. Efeu, Kletterhortensie) und den Haftscheibenrankern (z.B. Wilder Wein).

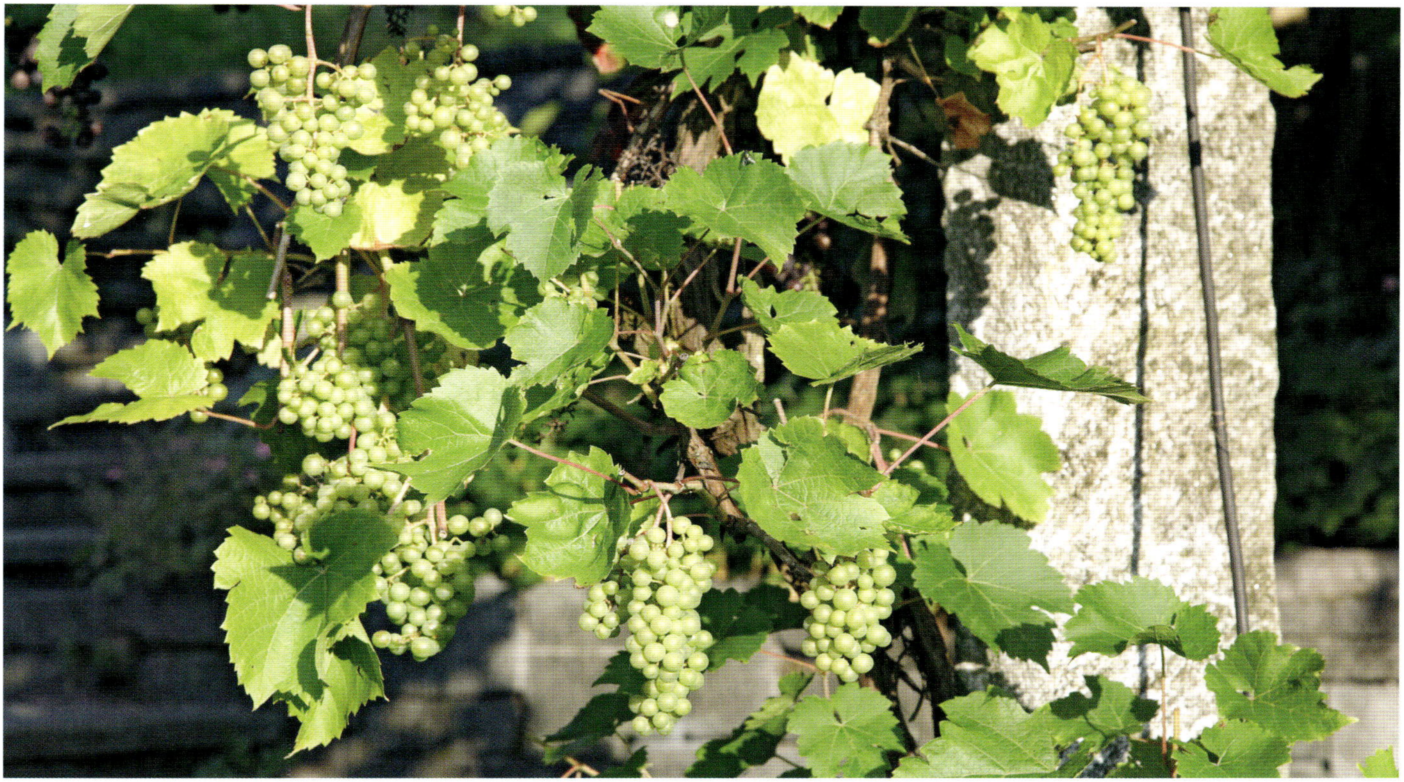

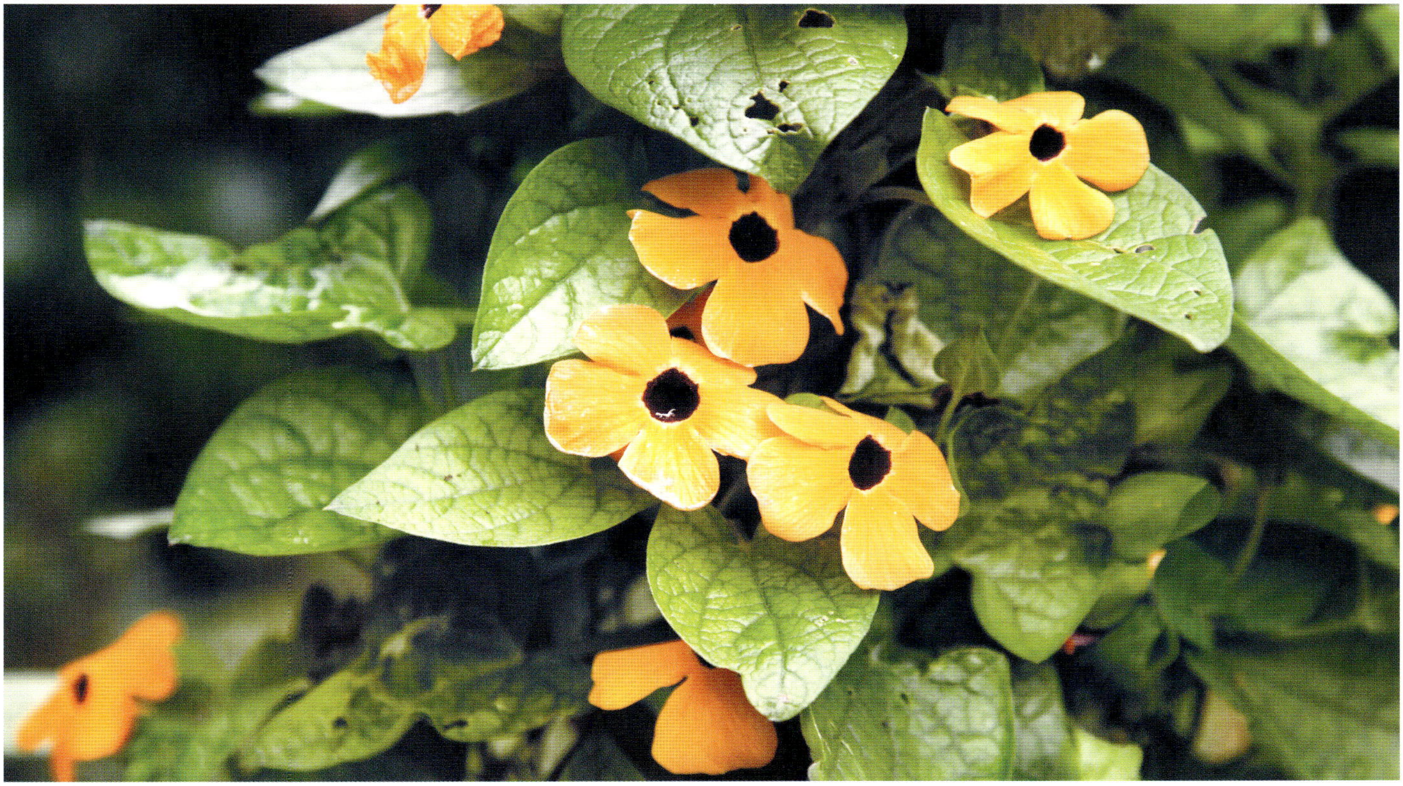

Unglaubliche
Kletterlust

Das Faszinierende an Kletterpflanzen ist ihre Fähigkeit, selbst unter ungünstigsten Verhältnissen zu überleben und ihren „Rankhilfen" ein neues Gesicht zu geben. Denken wir an einen abgestorbenen Baum, der von einer Rambler-Rose mit tausenden von Blüten überzogen wird. Doch am Anfang steht die Auswahl der richtigen Pflanze für den speziellen Einsatzzweck. Ist der spätere Standort eher sonnig oder schattig? Für welche Kletterart ist die vorhandene Rankhilfe geeignet? Lege ich Wert auf eine schnelle Begrünung? Wünsche ich mir farbenfrohe Blüten? Soll die Pflanze immergrün sein oder darf sie im Winter mit der Struktur ihrer Äste wirken?

Ein wichtiger Punkt bei der Wahl der Kletterpflanzengruppe der Selbstklimmer ist die sorgfältige Begutachtung der zu begrünenden Bauteile. Der Efeu fixiert sich mit Hilfe seiner Haftwurzeln am Mauerwerk. Dabei geschieht es, dass sich Pflanzenteile in brüchige Mörtelfugen zwängen oder unter Dachziegel wandern. Dies kann dauerhaft dazu führen, dass Wasser eindringt oder die Mauerfugen zerstört werden. Ähnliches gilt auch für den Wilden Wein. So schön er mit seiner dunkelroten Herbstfärbung die Fassaden zum Leuchten bringt, seine Pflanzenteile über- und durchwuchern schnell alles rundherum. Wenn die Pflanze später mal weichen muss, lassen sich die Haftscheiben vom Untergrund fast kaum mehr lösen und sehen dann unschön aus. Als Alternative stehen in dem Fall die Gerüstkletterpflanzen zur Verfügung, für die es die passenden Rankhilfen gibt. Andere Pflanzen, wie z.B. Blauregen können, an ein Regenfallrohr gepflanzt, dieses in den Jahren zerdrücken und herunterreißen.

Pflanzung

Sind alle Parameter festgelegt und ist die passende Pflanze gefunden, beginnt die eigentliche Arbeit. Die meisten Kletterer sind mehrjährige, ausdauernde, krautige Pflanzen und werden mit dem Wurzelballen im Boden eingepflanzt. Dabei ist zu beachten, dass das Pflanzloch deutlich größer ist als der Ballen, damit zusätzlich Kompost oder andere Bodenverbesserungsstoffe mit eingebracht werden können. Clematis-Hybriden haben ihren Kopf gern in der Sonne, aber ihren Fuß im Schatten. Deshalb ist es wichtig sie zu unterpflanzen. Das geht ganz einfach mit einigen niedrigen, nicht so stark wurzelnden Stauden wie z.B. der Schleifenblume, dem Blaukissen oder der Gänsekresse.

Pflanzenschutz

Die meisten Kletterpflanzen leiden nur selten oder wenig unter dem Befall von Schädlingen oder Krankheiten. Efeu, Kletterhortensie oder Wilder Wein scheinen nie etwas zu haben. Im Gegensatz dazu werden Geißblatt-Arten gern von Blattläusen befallen und Kletterrosen können unter den gleichen Tieren oder Pilzen kränkeln wie alle Rosensträucher. Solange der Befall noch nicht so stark ist, kann man versuchen, die Schädlinge mit einem scharfen Wasserstrahl abzuspülen. Bei schwererem Befall werden Pflanzenschutzmittel benötigt. Nicht jedes Mittel ist laut Pflanzenschutzverordnung am Markt frei verfügbar. Fragen sie dazu bei einem Fachbetrieb nach. Die Clematiswelke ist eine gefürchtete Pilzerkrankung, die großblumige Waldreben (*Clematis-Hybriden*) komplett absterben lassen. Die resistenteren Arten wie die Bergwaldrebe (*Clematis montana 'Rubens'*) oder die italienische Waldrebe (*Clematis viticella*) haben zwar kleinere Blüten, aber sind in ihrer Fülle fast nicht zu übertreffen und überleben die nächste Welkewelle.

Schnitt

Der wichtigste Punkt der Pflege ist bei vielen Kletterern der richtige und regelmäßige Schnitt und zwar vom ersten Jahr an. Wie bei allen Gehölzen werden tote oder abgebrochene Triebe ausgeschnitten. Wurzelschößlinge oder kranke Triebe müssen sofort entfernt werden. Damit die noch junge Pflanze sich gut verzweigt, hat sich das Abkneifen der Triebspitzen gleich über der Laubknospe bewährt. Die Schnittmaßnahmen werden bei den meisten Pflanzen einmal jährlich durchgeführt. Der Zeitpunkt ist sorgfältig zu wählen. Waldreben, die im späten Sommer blühen, legen die Knospen im laufenden Jahr an und sollten im zeitigen Frühjahr geschnitten werden. Bei Kletterpflanzen wie dem Blauregen, die im späten Frühjahr blühen, werden die Blüten im Sommer des Vorjahres angelegt. Um den reichen Blütenflor dauerhaft zu erhalten, ist bei dieser speziellen Pflanze ein starker Schnitt erforderlich. Die blütentragenden Kurztriebe müssen gefördert werden. Dazu werden im Sommer nach der Blüte alle Seitentriebe auf 30 bis 50 cm eingekürzt. Im Winter werden diese Triebe erneut auf zwei bis drei Knospen eingekürzt. Allerdings müssen die Blütenknospen an der Basis der Kurztriebe stehen bleiben. Diese beiden Beispiele zeigen, dass jede Pflanze zum Thema Schnitt für sich betrachtet werden muss.

Garten-praxis

Düngung

Kletterpflanzen sind in der Regel sehr genügsame Pflanzen. Jedoch auch sie benötigen ein gewisses Maß an Nährstoffen. Bei der jährlichen Düngergabe in den Pflanzbeeten werden sie gleich mitversorgt. Die im Herbst blühenden Waldreben- und Schlingknöterich-Arten profitieren von einer zweiten Düngergabe um die Sommermitte.

Ein schattiger Platz
für das nächste

Sommerfest

Mit Kletterpflanzen bewachsene
Pergolen und Laubengänge haben
ein besonderes Flair. Warum nicht
das kühle Plätzchen für die nächste
Feier nutzen, sei es eine Hochzeit
oder die schon lang ausstehende
Gartenparty mit Freunden.
Ein schöner Wohlfühlort im Garten.

109

Hortensien
Die Blühwunder

Hortensien erfreuen sich in unseren
Gärten großer Beliebtheit.
Ihre vielseitigen Einsatzmöglich-
keiten faszinieren alle.

Die beliebtesten
Hortensien
in unseren Gärten

- Bauern-Hortensie
- Teller-Hortensie
- Schneeball-Hortensie
- Rispen-Hortensie
- Eichenblättrige Hortensie
- Samt-Hortensie
- Kletter-Hortensie

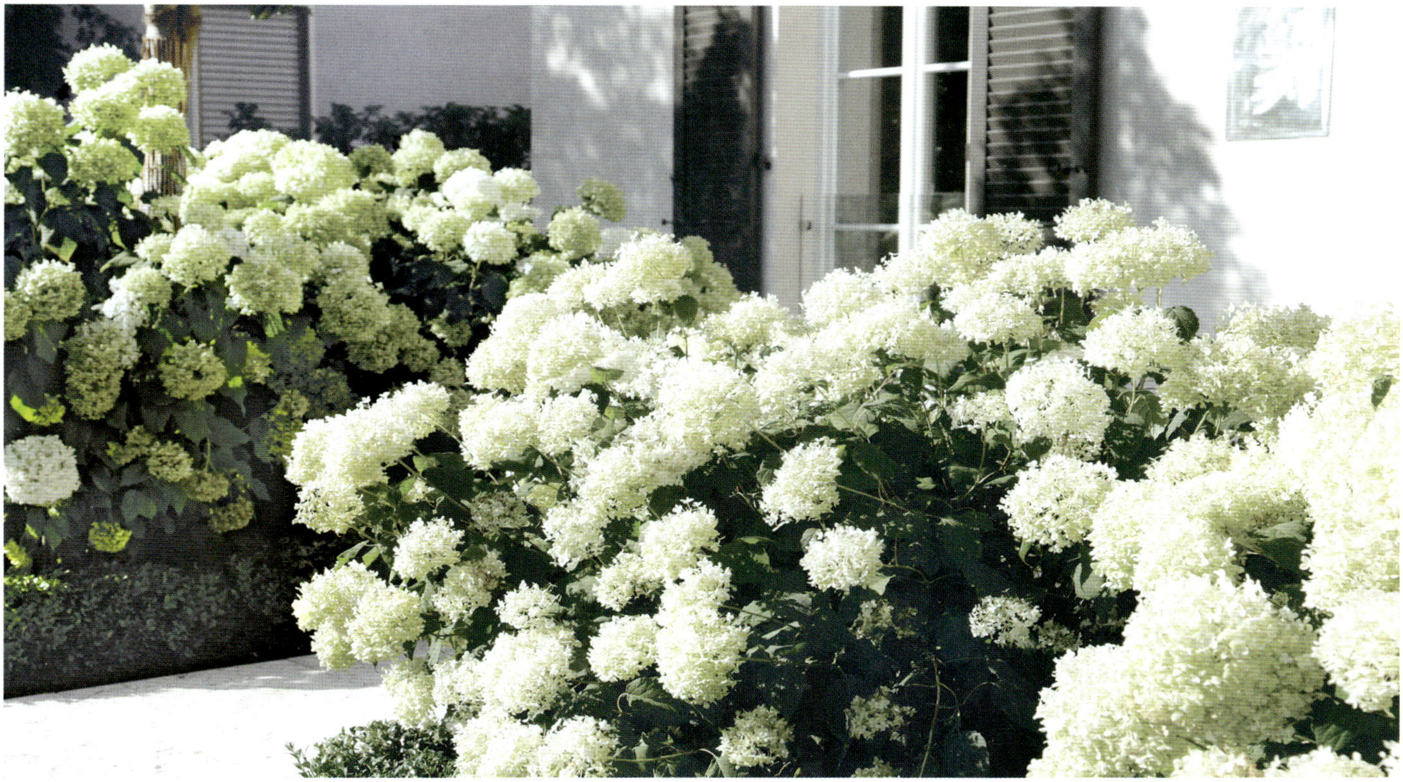

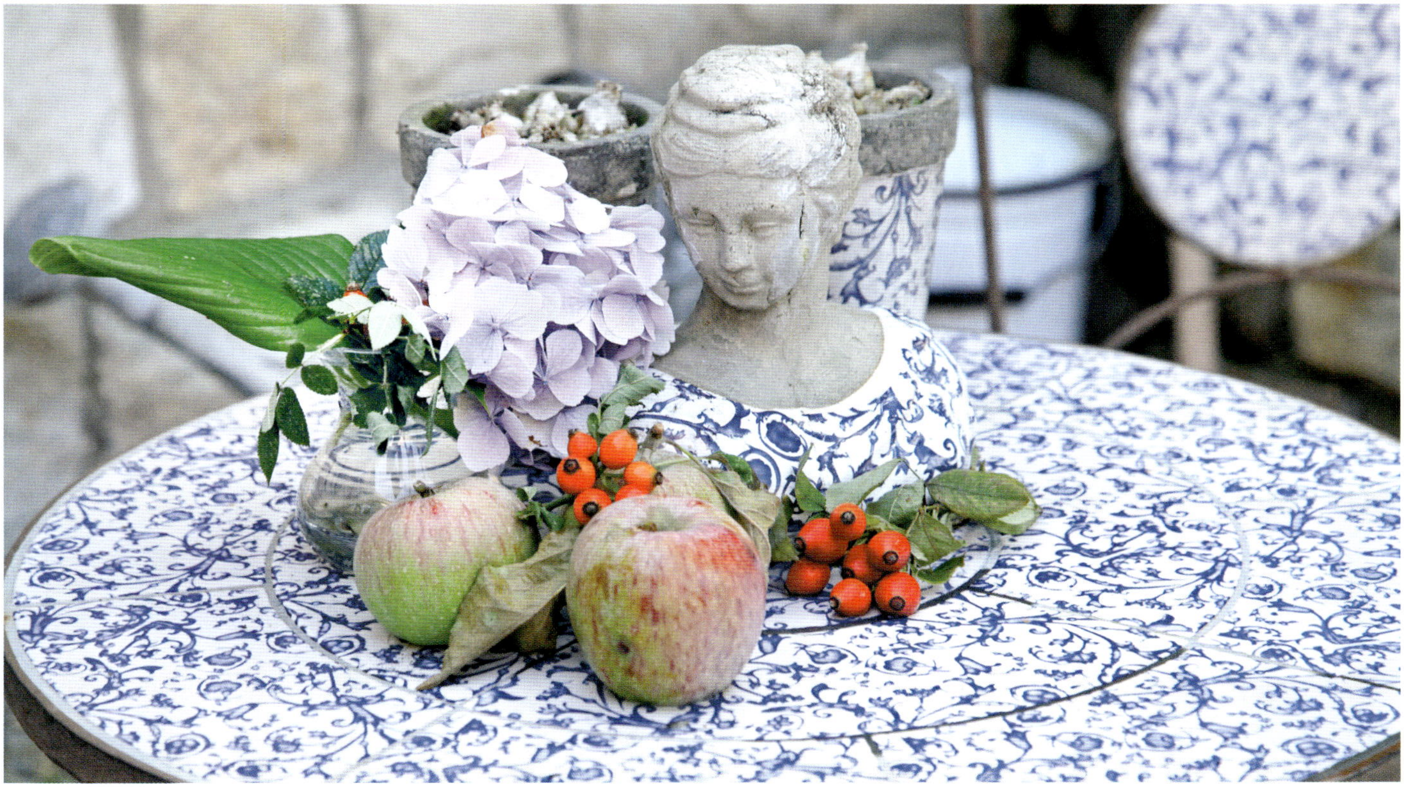

Es gibt eine große Vielzahl an Hortensien-Sorten. Neben den historischen Sorten gibt es moderne Züchtungen, die unsere Gärten mit ihren wundervollen Farben bereichern.

Am bekanntesten ist die klassische Bauern-Hortensie (*Hydrangea macrophylla*), die es sowohl mit ballförmigen als auch mit tellerförmigen Blüten gibt. Die Blütezeit beginnt je nach Sorte im Juni und zieht sich bis in den September hinein. Auch nach dieser Zeit haben die welkenden Blüten einen sehr dekorativen Charakter und werden gern getrocknet.

Die Teller-Hortensie (*Hydrangea serrata*) ähnelt sehr der Tellerform der Macrophylla, ist aber zierlicher und kleiner als diese. Sie benötigt schattigere Standorte, da das Laub leicht verbrennt. Die Frosthärte ist deutlich besser, daher sollte ihr in winterlichen Gegenden der Vorzug gegeben werden. Der Blütezeitpunkt liegt etwa 2 bis 3 Wochen früher.

Die Schneeball-Hortensie (*Hydrangea arborescens*) ist ebenfalls eine beliebte Pflanze für den Bauerngarten. Sie hat eine ausgezeichnete Winterhärte, ist gut schattenverträglich und reich an Blütenbällen, die zwischen Juni und September erscheinen. Die Sorte 'Annabelle' ist eine auffällig attraktive Variante. Besonders wegen der großen Blütenstände sollte sie im Sommer gestützt werden.

Bei der *Rispen-Hortensie* (*Hydrangea paniculata*) sind die Blüten in länglichen Rispen angeordnet. Diese Hortensiengruppe fühlt sich sowohl in schattigen Bereichen als auch in der vollen Sonne wohl. Die meisten Sorten blühen zwischen Juli und September. Lange Zeit galt dieser ausdauernd blühende Strauch als altmodisch. Ihr romantisches Flair macht sie heute wieder sehr beliebt.

Die *Eichenblättrige-Hortensie* (*Hydrangea quercifolia*) fällt durch ihre imposanten, an Eichenlaub erinnernden Blätter auf. Die im Juli und August erscheinenden Blüten sind rispenförmig angeordnet. Später im Jahr wirkt diese Art durch eine schöne auffallend rote bis braunrote Herbstfärbung. Standort halbschattig bis schattig. Sie stammt aus dem Südosten der Vereinigten Staaten von Amerika.

Die behaarten Zweige und Blätter sind Namensgeber für die *Samt-Hortensie* (*Hydrangea sargentiana*), die große tellerförmige Blüten von Juli bis September ausbildet und sehr starkwüchsig ist. Die Blüten verströmen einen süßlichen Duft und locken viele nektarsammelnde Insekten an. Standort halbschattig bis schattig. Durch die rötliche Rinde ist diese Art auch im Winter eine Zierde.

Die einzige kletternde Art in dieser Gattung ist die *Kletter-Hortensie* (*Hydrangea petiolaris*), die sehr gern für die Begrünung von Hauswänden und Pergolen verwendet wird. Ihre tellerförmigen Blüten zieren im Juni und Juli die vertikalen Bereiche. Im Herbst leuchtet sie mit ihren gelben Blättern. Standort halbschattig bis schattig.

Unsere

Pflanzen

brauchen Pflege

Die meisten Hortensien-Arten haben recht unterschiedliche Ansprüche an Nährstoffgehalt und Lichtverhältnisse. Doch für alle gilt, der Boden muss frisch, humos, durchlässig und leicht sauer bis neutral sein.

Das Wichtigste ist, sie besonders im Sommer ausreichend zu wässern, sonst hängen die Blätter schnell schlapp herunter.
Der botanische Gattungsname *Hydrangea* kommt aus dem Griechischen. Dabei steht *hýdro* für Wasser und *aggéin* für Gefäß und zeigt an, dass Hortensien gern auf feuchten Böden wachsen. Das bedeutet aber auch, dass der Boden gut gelockert und nicht verdichtet sein darf. Staunässe führt zum Faulen der Wurzeln, da nicht ausreichend Sauerstoff aufgenommen werden kann.

Alle Hortensien-Arten kommen im lichten Schatten unter höheren Gehölzen gut zurecht und entwickeln dort reich blühende Sträucher. Einige Vertreter können auch an sonnigen Standorten bei ausreichender Bodenfeuchte gut wachsen. Ein automatisches Bewässerungssystem kann dabei gute Dienste erfüllen. In der Regel sind die Pflanzen mit den großen, empfindlichen Blättern eher für die schattigen Bereiche geeignet.

Garten-praxis

Düngung

Hortensien benötigen einen nährstoffreichen Boden mit einem pH-Wert zwischen 4 und 6. Es sollte mit einem stickstoffbetonten Volldünger mit geringem Phosphatanteil gedüngt werden.
Nur bei ausreichender und ausgewogener Ernährung bilden die Pflanzen viele Blüten und entwickeln sich zu gesunden Pflanzen. Um den Nährstoffgehalt des Bodens zu bestimmen, ist die Untersuchung von Bodenproben unerlässlich.

Schnitt

Die notwendigen Schnittmaßnahmen sind abhängig von der Hortensienart. Bauern-Hortensien und Teller-Hortensien werden lediglich von abgestorbenen und erfrorenen Pflanzenteilen im Frühjahr befreit. Sie blühen an den Trieben aus dem letzten Jahr. Für einen gesunden Wuchs ist es notwendig die Pflanzen alle 2 bis 3 Jahre auszulichten. Dafür werden einige alte und vergreiste Triebe knapp über dem Boden herausgeschnitten. Rispen-Hortensien benötigen für eine reiche Blüte und üppiges Wachstum einen starken Rückschnitt. Schneeball-Hortensien werden im Frühjahr bis auf 10 bis 15 cm über dem Boden abgeschnitten. Die Blüten entstehen am diesjährigen Holz und werden so besonders groß und üppig. Samt- und Kletter-Hortensien benötigen überhaupt keinen Rückschnitt. Nur wenn sie zu hoch werden, sollte ein Teil der Triebe entfernt und der Rest vorsichtig eingekürzt werden. Eichenblättrige-Hortensien sollten auch im Alter nur vorsichtig geschnitten werden. Die alten Blütenstände müssen spätestens im Frühjahr entfernt werden.

Pflanzenschutz

Alle Hortensien-Arten sind bei richtiger Pflege relativ robuste Pflanzen und wenig anfällig für Krankheiten. Frisch ausgetriebene, noch weiche Blätter sind für Schnecken eine Delikatesse. Dagegen hilft ein Schneckenzaun oder auch Schneckenkorn. Die älteren Blätter werden gemieden. Blattläuse, Raupen, Spinnmilben, Dickmaulrüssler und Thripse können das Aussehen der Pflanze beeinträchtigen. In diesem Fall empfiehlt sich eine Behandlung mit Pflanzenschutzmitteln. Biologischen Präparaten ist bei geringem Befall der Vorzug vor chemischen Mitteln zu geben.

Winterschutz

Die Winterhärte der einzelnen Arten ist höchst unterschiedlich. Bei den Arten, die am vorjährigen Holz blühen, werden die Blütenknospen bereits im Spätsommer angelegt und können im Winter durch Frost beschädigt werden. Dann fällt die Blüte im nächsten Sommer aus. Dies gilt besonders für die Bauern-Hortensien und Teller-Hortensien. Ein guter Winterschutz und ein geschützter Standort sind hier besonders wichtig. Eine dicke und trockene Laubschüttung bietet einen guten Schutz. Bei den Arten, die am einjährigen Holz blühen, ist das Zurückfrieren der Triebe und Knospen nicht problematisch, da die Zweige im Frühjahr sowieso zurückgeschnitten werden.

Schmuck in jedem
Garten
und überall

Allein die verschiedenen Standortmöglichkeiten, Wuchshöhen, Blatt- und Blütenformen lassen ein breites Einsatzspektrum zu. Viele ältere Gärten sind durch zahlreiche Schattenpartien gekennzeichnet, in denen die meisten Hortensien-Arten gut wachsen. Dort werden sie einzeln oder in Gruppen mit anderen Gehölzen und Stauden gemischt gepflanzt.

In stark schattigen Bereichen wirken die weißen Blüten der Schneeball-Hortensie besonders freundlich. Ein schönes Benachbarungsgehölz wäre die rosablühende Sommerspiere 'Anthony Waterer'. Im Staudenbeet wirkt sie gut in Kombination mit den blauen Farben vom Eisenhut (*Aconitum napellus*) und Pfirsichblättriger Glockenblume (*Campanula persicifolia*). Das braunrote Laub des Roten Fächerahorns bildet einen kontrastreichen, doch nicht zu aufdringlichen Hintergrund für die cremeweißen Blüten der 'Annabelle'.

Tipp:

Pink oder Blau

Die Blütenfarbe von Bauernhortensien ist in der Regel mehr oder weniger rosa. Sie hängt direkt vom pH-Wert und der Verfügbarkeit von Aluminium im Boden ab. Saurer Boden setzt Aluminium frei, das in den Blütenfarbstoff eingelagert wird und sie blau erscheinen lässt. Dafür muss der Boden allerdings in den meisten Fällen gezielt behandelt werden. Die Erhöhung der Anzahl der Aluminiumionen erfolgt durch die Zugabe von Kalialaun (Kaliumaluminiumsulfat), erhältlich in der Apotheke, oder mittels Präparaten aus dem Gartenbedarfshandel, die mit dem Gießwasser ausgebracht werden. Ein niedriger pH-Wert ist also allein nicht ausreichend und bringt höchstens violette Farbtöne hervor. Je nachdem wie viel Aluminiumionen die Pflanze aufnimmt, erreicht die Blütenfarbe ein annähernd stufenloses Spektrum zwischen Pink und Blau.

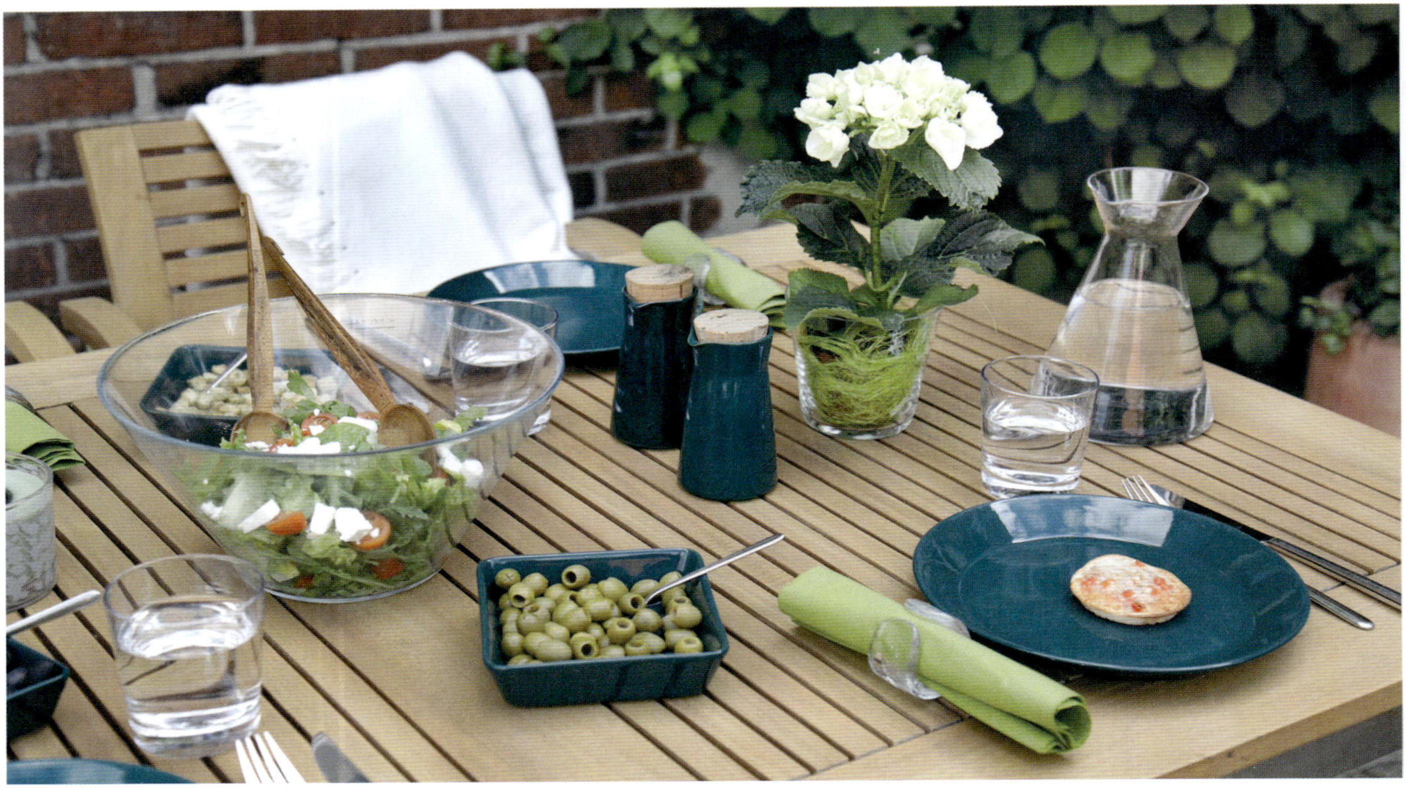

Sonatine
Theodor Kirchner, Op. 70 No. 1

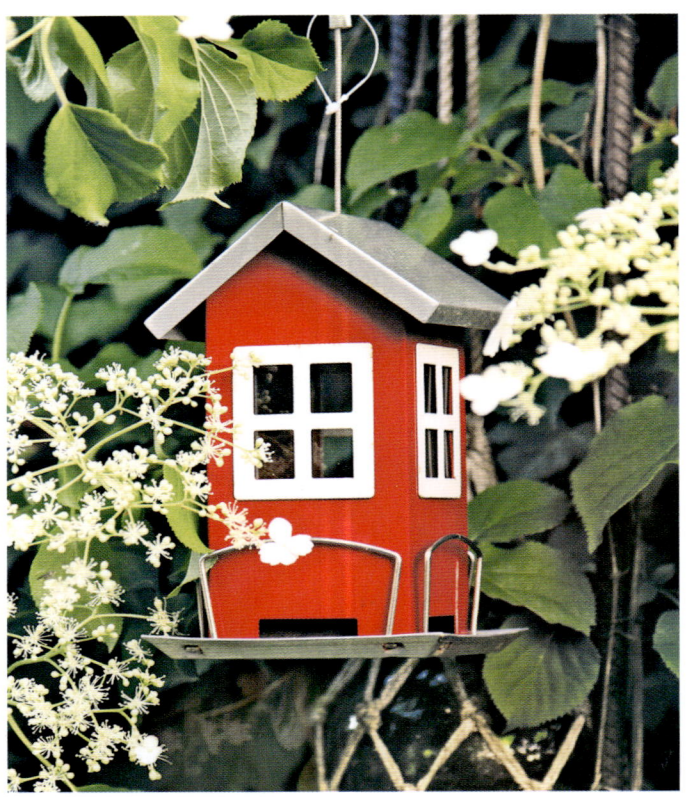

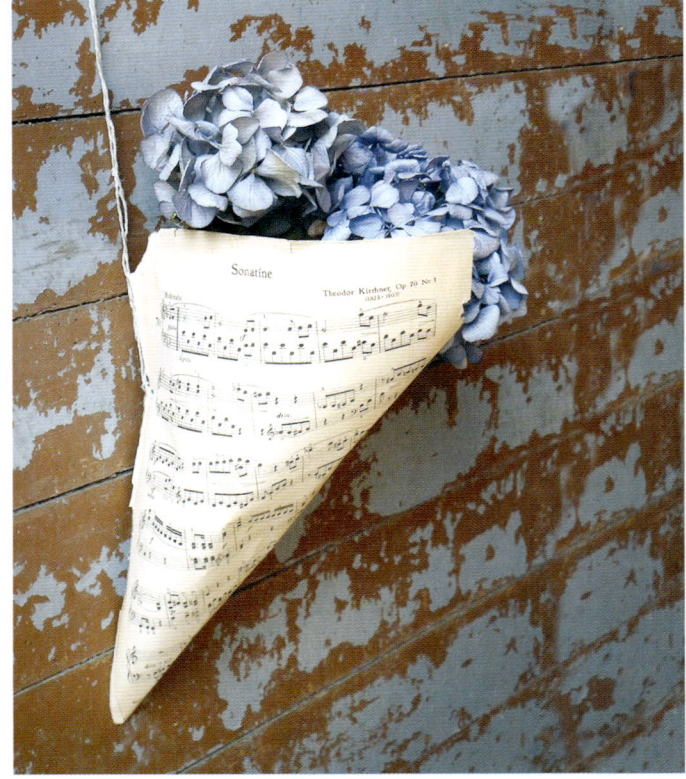

Sitzplatz zwischen

Hortensienblüten

Bienen summen, Blütendüfte ziehen
vorbei, die Abendsonne scheint in
den Garten. Nehmen Sie einen Garten-
stuhl und stellen Sie ihn zwischen die
Hortensien, schließen Sie die Augen
und genießen Sie den Moment.

121

Magnolie
– eine großblütige Pracht

Der französische Botaniker Pierre Magnol (1638–1715) führte den Begriff der „Familie" in die biologische Systematik ein. Ein Kollege ehrte ihn, indem er einen Baum, den er auf einer Forschungsreise entdeckt hatte, *Magnolia* nannte.

Frühlings-Ziergehölz
par excellence

Magnolien sind eine Pflanzengattung mit Sträuchern oder Bäumen, die sommer- oder immergrün sind. Die Blüten werden bei den meisten Arten im vorhergehenden Jahr angelegt und blühen im nächsten Frühling auf, bevor die Blätter austreiben. Das macht sie als Ziergehölz gerade in der frühen Jahreszeit so attraktiv. Es gibt sie in unterschiedlichen Größen, so dass für jede Gartengröße eine geeignete Art zur Auswahl steht.

Da einige Arten spätfrostgefährdet sind, kommt es aber auch auf den genauen Standort und das dort vorherrschende Klima an. Magnolien dienen allerdings nicht nur als Ziergehölze, einige Arten finden auch in anderen Bereichen Verwendung. So wird beispielsweise die Rinde der *Magnolia officinalis* in der traditionellen japanischen und chinesischen Heilkunde bei Schlaganfall und Kopfschmerzen eingesetzt. Das Holz einiger nordamerikanischen Magnolienarten wird für den Möbelbau verwendet.

Pflanzung

Kaufen, einpflanzen und wachsen lassen ist die Devise. Deshalb ist es wichtig, sich vorher Gedanken zum Standort zu machen, denn fast alle Arten und Sorten gehen im Alter enorm in die Breite. Diese wunderbaren Frühlingsblüher kommen in Einzelstellung am Besten zur Geltung. Grundsätzlich bevorzugen alle Magnolien einen warmen, vor Ostwinden geschützten Standort. Der Boden sollte gleichmäßig feucht, humusreich und möglichst leicht sauer sein. Staunässe wird nicht vertragen, es sind schließlich keine Sumpfpflanzen. Eine weitere Erkenntnis ist, dass die Frosthärte auf Sandböden höher ist als auf feuchten, nährstoffreichen Lehmböden. Die Pflanzung an sich erfolgt wie bei allen anderen Gehölzen.

Da Magnolien ein sehr flaches Wurzelwerk besitzen, reagieren sie empfindlich auf jegliche Art von Bodenbearbeitung. Die Baumscheibe sollte mit einer Schicht Rindenmulch abgedeckt oder mit geeigneten Bodendeckern bepflanzt werden. Können sich die Pflanzen in Ruhe entwickeln, werden sie von Jahr zu Jahr schöner und kommen mit einem Minimum an Pflege aus.

Schnitt

Magnolien sind zwar grundsätzlich schnittverträglich, nach Möglichkeit sollten sie jedoch frei wachsen können. Im Gegensatz zu vielen anderen Frühlingsblühern, wie z.B. Forsythien, vergreisen Magnolien nicht, sondern bilden mit den Jahren immer mehr Blüten. Bei Bedarf können die Pflanzen etwas ausgelichtet oder die Krone verkleinert werden. Dabei sind besonders ausladende Äste ganz herauszunehmen und nicht nur einzukürzen. An den Schnittstellen treiben vielfach Wassertriebe (Wasserschosser) aus. Dies sind besenartige Äste, die die Pflanze und ihren Habitus (Wuchsform) schnell verunstalten können. Diese neuen Triebe werden direkt am Ansatz entfernt, damit keine Stummel (Kleiderhaken) stehen bleiben. Der beste Zeitpunkt um Magnolien zu schneiden ist der Spätsommer, vor der Bildung der neuen Blüten.

Krankheiten

Ein Grund für das hohe Alter der Pflanzengattung ist sicherlich ihre Widerstandskraft gegen Krankheiten und Schädlinge. Weder Schädlinge noch Blattpilze befallen die Pflanzen, so dass auf Pflanzenschutzmittel verzichtet werden kann.

Uralte Bäume aus der
Kreidezeit

Auch wenn es Tulpen-Magnolien erst seit knapp 200 Jahren gibt, ihre Ahnentafel reicht bis in die Kreidezeit. Magnolien zählen zu den ältesten Blütenpflanzen der Erde und gelten als „lebende Fossile". Sie entwickelten sich vor 100 Millionen Jahren als Übergangsform von Nadel- zu Laubbäumen. So ähnelt die Magnolienfrucht den Zapfen von Nadelbäumen. Die Blüten sind recht einfach gebaut und die Bestäubung übernehmen hauptsächlich Käfer, die evolutionär wesentlich älter sind als Bienen. Vielleicht liegt die Schönheit der Magnolienblüte gerade in deren, aus botanischer Sicht, sehr einfachem Aufbau.

Heute kommen Magnolien an ihren Heimatstandorten nur noch in Asien und Amerika vor. In Europa starben sie während der Eiszeiten aus. Doch in unseren Gärten leben sie weiter. Dafür stehen uns verschiedene in Europa kultivierte Arten zur Verfügung. Am weitesten verbreitet sind die Tulpen-Magnolien, gefolgt von Stern-Magnolie und Purpur-Magnolie. Einige exotisch anmutende Magnolien, wie die Immergrüne Magnolie (*Magnolia grandiflora*) und die Sommer-Magnolie (*Magnolia sieboldii*), bedürfen sehr geschützter Lagen zur Anpflanzung, da sie äußerst frostgefährdet sind.

Die Tulpen-Magnolie ist vom Namen her nicht mit dem Tulpenbaum (*Liriododendron tulipifera*), einem ebenfalls sehr beliebten Parkbaum, zu verwechseln. An diesem Beispiel erkennt man, wie schwierig die deutschen Namen der Pflanzen sind. Deshalb halten sich die Fachleute an die botanische Nomenklatur.

Der wohl edelste Blütenbaum für Einzelstellung im Rasen oder Staudenbeet ist die *Tulpen-Magnolie* (*Magnolia soulangiana*). Trotz ihrer etwas starren Zweige und den fast unecht wirkenden Blütenkelchen ist keine andere Magnolie so beliebt wie sie. Die großen tulpenförmigen Einzelblüten erscheinen bereits im April in unglaublicher Fülle. Leider ist die Tulpen-Magnolie besonders spätfrostgefährdet. In einer einzigen Nacht kann so die ganze Blütenpracht erfrieren.

Eine Magnolie für den allerkleinsten Garten ist die *Stern-Magnolie* (*Magnolia stellata*). Sie ist härter und widerstandsfähiger als die Tulpen-Magnolie und somit für kühlere und ungünstigere Lagen geeignet. Frühlingsblüher wie Gedenkemein, Lerchensporn, Vergißmeinnicht und Primeln sind ideale Nachbarn mit gleicher Blütezeit. Ihre sternförmig weißen Blüten öffnen sich oftmals bereits im März und duften angenehm.

Die *Kobus-Magnolie* (*Magnolia kobus*) wächst als einzige Magnolie bei uns in den Gärten als kleiner bis mittelgoßer Baum. Wenn Ende April, Anfang Mai die Blütezeit anbricht, steht sie wie eine riesige, weiße Wolke in der Landschaft, ein prachtvoller Anblick. Sie eignet sich aber nur für genügend große Gärten und sollte dort in Einzelstellung gesetzt werden. Sehr schön ist dann eine flächige Unterpflanzung mit zeitgleich blühenden weißen Narzissen und dem Blausternchen.

Die *Purpur-Magnolie* (*Magnolia liliiflora 'Nigra'*) ist wegen ihres kompakten und langsamen Wuchses besonders für kleine Gartenräume sehr geeignet. Zusammen mit anderen, kleineren Gehölzen wertet sie jede Pflanzung auf. Gerade in spätfrostgefährdeten Lagen ist sie sehr gut einzusetzen, da sie später als die Tulpen-Magnolie blüht und sich ihre Blüten nie alle zur gleichen Zeit öffnen. Die Sorte 'Nigra' besitzt von allen Arten die dunkelste Blütenfarbe.

Für die
Kaffeetafel
Magnolienzweige

Die ersten Sonnenstrahlen erwärmen den Garten, der Kuchen steht noch im Ofen und bald kommen die Gäste. Da locken die kelchartigen Blüten der wunderbaren Tulpen-Magnolie für die Tischdekoration. Am besten an einer Stelle vorsichtig abschneiden, an der es nicht sofort auffällt.

Rhododendren und Azaleen

Die Auffahrt zum Landhaus wird von einer großzügigen Rasenfläche mit einer mannshoch wachsenden, buntblühenden Rabatte aus Rhododendren und Azaleen begleitet. Dieser überwältigende Effekt kann auch im kleinen Stil geschaffen werden. „Weniger ist mehr" ist dafür geraten.

Moorbeetpflanzen
für den Garten

Rhododendren und Azaleen sind Moorbeetpflanzen, genauso wie Lavendelheide, Torfmyrthe und Heidekraut. Doch was sind Moorbeetpflanzen und was ist das Besondere an ihnen? Der Begriff Moorbeet bezieht sich auf den niedrigen pH-Wert, den die Pflanzen benötigen. Dieser liegt bei 4,5 bis 5,5, zum Vergleich der neutrale Wert liegt bei 7. Doch wofür ist dieser Wert so wichtig? Der pH-Wert des Bodens beeinflusst die biologische Verfügbarkeit von Nährsalzen. Steigt er an, gibt es im Boden chemische Veränderungen, durch die die Verfügbarkeit bestimmter Nährstoffe nicht mehr gegeben ist. Bei neutralen und alkalischen Böden bilden sich beispielsweise Eisenoxidhydroxide, die nicht aufgenommen werden können, es entsteht Eisenmangel. Als Gegenmaßnahme muss der pH-Wert sofort gesenkt werden, und es empfiehlt sich, ergänzend eine Blattdüngung mit einem Eisendünger vorzunehmen. Einige Neuzüchtungen, wie Inkarho-Rhododendron, vertragen einen pH-Wert von 5,5 bis 7,5.

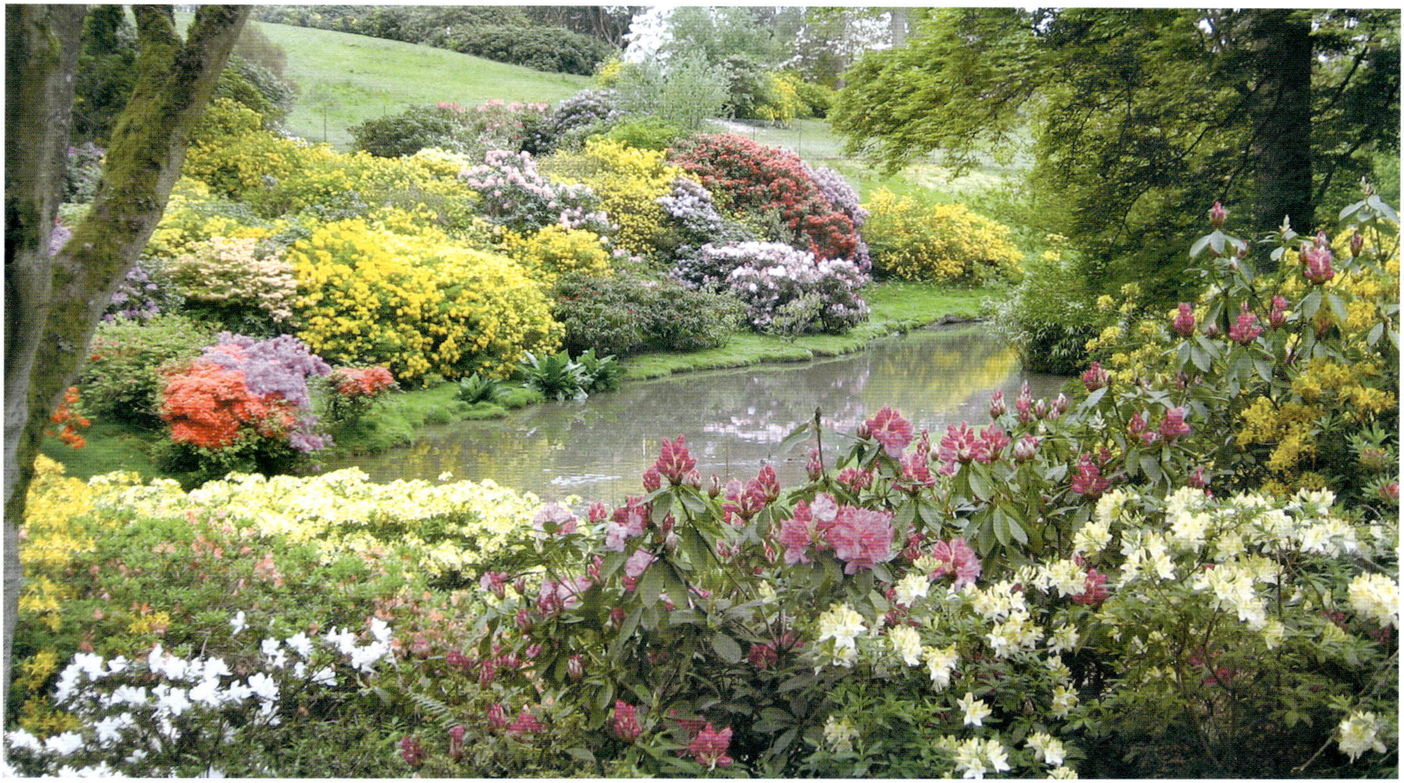

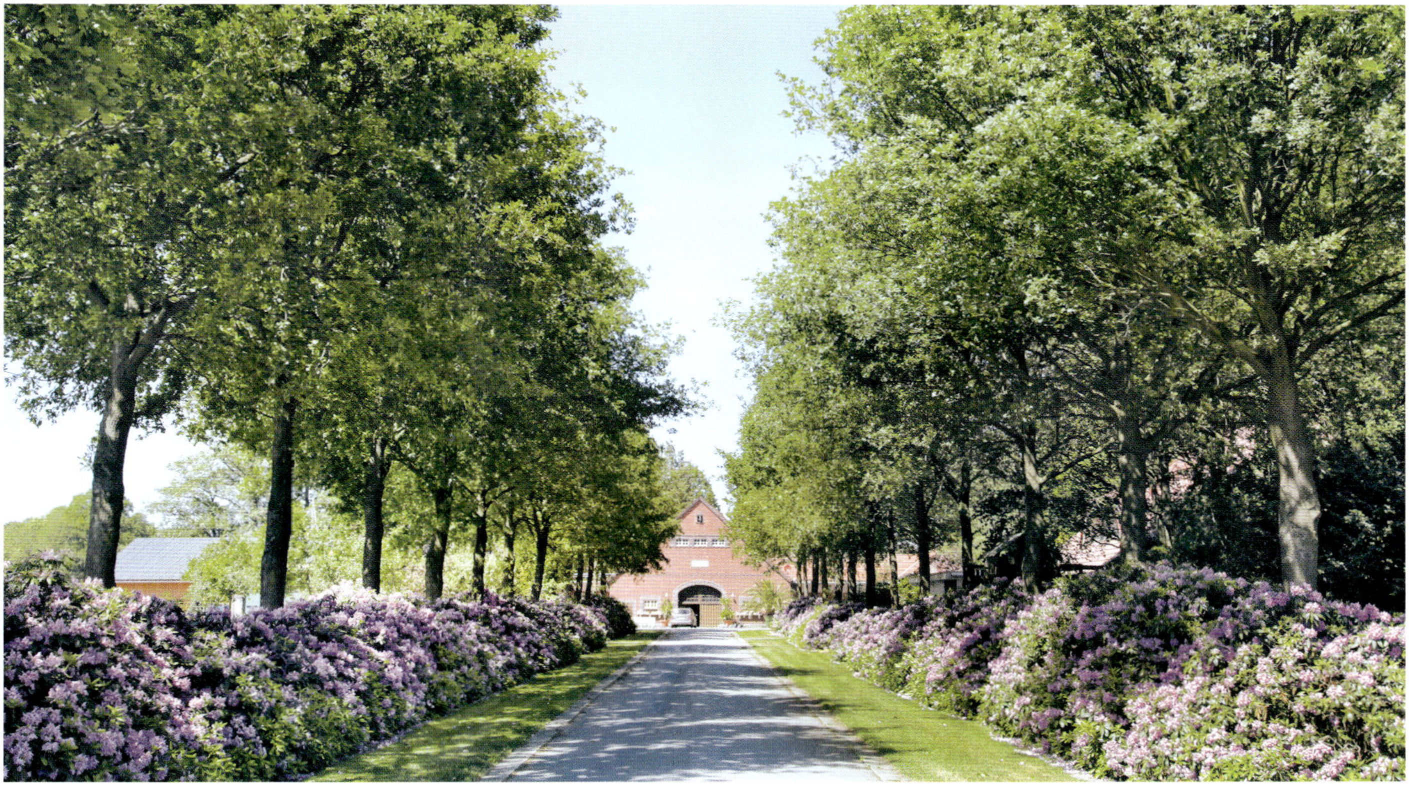

Farbenfrohe
Artenvielfalt

Rhododendren und Azaleen gehören zur ältesten Gattung der Pflanzenwelt und sind die wohl artenreichste Gruppe unter den Gehölzen. Nahezu 1.000 Rhododendron-Wildarten gibt es auf der Erde. Die meisten haben ihre Heimat in Ostasien. Die höchste Artenvielfalt gibt es im Himalaya Gebirge, in den Bergen von Indochina, Korea, Japan und Taiwan. Die wenigen bei uns heimischen Arten stehen unter strengem Naturschutz und wachsen in Gebirgslagen, sie sind auch als Alpenrosen bekannt. Bereits vor 150 Jahren wurden die Gattungen Rhododendron und Azalea vereinigt. Deshalb gelten Azaleen heute als Untergruppe des Rhododendron.

Seit Mitte des 19. Jahrhunderts wurden ca. 30.000 Sorten gezüchtet und registriert. Es gibt Pflanzen mit unterschiedlichen Wuchstypen, Farb- und Laubvarianten, Blütenformen und Düften. Rhododendren und Azaleen unterscheiden sich hauptsächlich durch zwei Dinge. Erstens verliert die Azalee im Winter ihr Laub, während der Rhododendron immergrün ist, und zweitens verträgt sie mehr Sonne als der Rhododendron. Aber auch an schattigeren Plätzen, wie zum Beispiel unter hohen Bäumen, wächst sie gut.

Rhododendron

Mit üppigen, farbintensiven und prächtig gezeichneten Blüten sticht der Rhododendron aus jeder Rabatte hervor und besitzt damit einen hohen Zierwert gegenüber den anderen immergrünen Gehölzen. Besonders schön ist die deutsche Übersetzung des Namens. Er leitet sich aus den beiden griechischen Begriffen *rhodos* (Rose) und *dendron* (Baum) ab und bedeutet übersetzt Rosenbaum. Dieser Name wurde allerdings bis ins 17. Jahrhundert für den Oleander verwendet und erst von Carl von Linné, ein schwedischer Naturforscher, auf die Alpenrose übertragen.

Auf Grund der Bodenproblematik rund um den niedrigen pH-Wert hat sich die INteressengemeinschaft KAlktoleranter RHOdodendron (Inkarho) damit beschäftigt, kalktolerantere Rhododendren zu selektieren. Diese ist ihnen schließlich nach langer Forschung mit Inkarho-Rhododendron gelungen. Diese Pflanzen wachsen auf Böden mit hohem pH-Wert (5,5 bis 7,5) und bilden auch auf ton- und lehmhaltigen Böden ein kräftiges Wurzelwerk aus. Das macht es möglich, diese Pflanzengruppe auch in Gebieten Deutschlands zu verwenden, wo ein dauerhaft niedriger pH-Wert nicht einstellbar ist.

Azalee

Die laubabwerfenden Rhododendren heißen Gartenazaleen. Mit ihren kräftigen und klaren Farben leiten sie den Frühsommer in unseren Gärten ein und ergänzen sich hervorragend mit dem dunkelgrünen Laub der Rhododendren. Typische Vertreter in unseren Gärten sind *Rhododendron japonicum* (*Azalea mollis*), *Rhododendron luteum* (*Azalea pontica*), die Knapp-Hill Hybride und die Japanischen Azaleen. Letztgenannte sind eine Sammelbezeichnung für Sorten, die durch Züchtungen aus in Japan beheimateten, immergrünen, kleinblättrigen Wildarten entstanden sind. Vom Typ her haben sie große Ähnlichkeit mit den uns bekannten Topfazaleen, die als Zimmerpflanze im Winter blühen. So kommen Azaleen-Fans mit ihrer Lieblingsblume fast durch das ganze Jahr. Carl von Linné, leitete den Namen Azalea 1735 vom griechischen Wort *azaléos* ab, was so viel wie trocken, dürr, wasserlos heißt. Er glaubte, die Pflanze liebe einen trockenen Standort. Er irrte sich allerdings. Natürlich mögen Azaleen keine Staunässe, aber die meisten Arten gedeihen besser an feuchten Standorten. Einige Sorten sind sogar empfindlich gegen Trockenheit. Aber die Blätter vertragen eine relativ geringe Luftfeuchtigkeit.

Guter Standort, gute Pflege
vitale Pflanzen

Rhododendron-Arten lieben einen humosen Boden. Durch die ständige Zufuhr von organischem Material, z.B. herabfallende Blätter und deren Zersetzung, wird der Boden mit Nährstoffen angereichert. Das Zersetzungsprodukt, der Humus, wirkt sich verbessernd auf die Bodenfruchtbarkeit aus, fördert die Durchlüftung des Bodens und unterstützt die Fähigkeit Feuchtigkeit zu binden. So aufbereiteter Boden speichert das Wasser besser. Sollte es dennoch zu trocken sein, beispielsweise in niederschlagsarmen Frühjahrszeiten, muss gewässert werden, da sonst die weitere Blütenknospenentwicklung und damit der Blütenflor negativ beeinträchtigt wird. Im Herbst ist darauf zu achten, dass immergrüne Pflanzen nicht mit trockenem Ballen in den Winter gehen. Friert es, können sie aus dem harten Boden kein Wasser entnehmen. Durch das tägliche Verdunsten von Feuchtigkeit über ihre Blätter würde es dauerhaft zum 'Verdursten' der Pflanzen kommen. Bei der Zersetzung des organischen Materials werden mehr oder weniger große Mengen von Huminsäuren frei, die eine Absenkung des pH-Wertes bewirken. Auf diese Weise entsteht der gewünschte „saure Boden".

Durch das laufende Aufbringen pflanzlicher Substanzen reicht die Nährstoffversorgung im Allgemeinen aus. Sollte dies nicht der Fall sein, kann mit einem physiologisch sauer wirkenden Dünger gearbeitet werden. Keinesfalls darf der Dünger Kalk enthalten. Die Schaffung optimaler Bedingungen und die Vermeidung von Pflegefehlern sind die wichtigsten vorbeugenden Maßnahmen. Dennoch kann das eine oder andere Schadbild auftreten.

Garten-
praxis

Krankheiten und Schädlinge

Bei der **Welke** bzw. dem **Triebsterben** rollen sich die Blätter im Sommer ein, verlieren ihre grüne Farbe und sterben nach und nach ab. Die Ursache für dieses Triebsterben sind meist Schadpilze, die die Pflanzen vom Boden her infizieren. Staunasse Böden fördern den Befall. In der Vergangenheit gab es Präparate zum Gießen. Diese Produkte sind für die Gießanwendung im Freiland nicht mehr zugelassen. Die befallenen Pflanzen können oft nicht mehr gerettet werden.

Durch falsche Pflege und ungeeigneten Standort geschwächte Rhododendronpflanzen können von verschiedenen Pilzkrankheiten befallen werden, die vornehmlich Nekrosen (begrenzte Felder mit zerstörtem Blattgewebe) auf dem Blatt hervorrufen. Dies wird als **Blattfleckenkrankheit** bezeichnet. Feuchte Witterungsverhältnisse fördern den Befall. Es kommt zu Blattfall, Wachstumshemmungen und einer optischen Beeinträchtigung. Die einzige wirksame Gegenmaßnahme ist die Beseitigung der Ursachen (z.B. falsche Standortwahl).

Auch die **Knospenbräune** wird durch pilzliche Erreger hervorgerufen. Die Blütenknospen werden braun und sterben ab. Bei großen Ausfällen kommt es zu einer sichtbar geringeren Blütenfülle. Grund ist die Übertragung des Pilzes durch die **Rhododendronzikade**. Die Tiere legen ihre Eier im Spätsommer an den Knospenanlagen ab. Die Larven stechen Blätter und Blütenknospen an und saugen am Pflanzensaft. Bei der Saugtätigkeit übertragen sie dann den Pilz. Neben den braunen Knospen können auch die nächstliegenden Blätter absterben. Die Zikaden besitzen ein enormes Springvermögen und können sich so rasch im Bestand ausbreiten. Die einzige Möglichkeit der Bekämpfung liegt darin, die Zikade ab Mai in den frühen Morgenstunden, wenn sie noch nicht so aktiv sind, chemisch zu bekämpfen und ab Juli mit Gelbtafel zu fangen. Außerdem sollten die befallenen Knospen mitsamt eines kurzen Triebstücks abgeschnitten und im Hausmüll entsorgt werden. Achtung, danach die Gartenschere unbedingt desinfizieren.

In warmen Jahren kann die **Rhododendron-Mottenschildlaus** auftreten. Die Tiere saugen an der Blattunterseite und es treten Verkräuselungen an den Blättern auf. Der Pflanzensaft dient als Nahrung und die Pflanze wird durch die Saugtätigkeit geschwächt. Beim ersten Auftreten sollten alle Pflanzen mit einem passenden Mittel von allen Seiten, besonders die Blattunterseiten, gleichmäßig eingesprüht werden. Die Behandlung abends nach dem Bienenflug durchführen.

Besonders Pflanzen aus der Gruppe 'Großblumige Rhododendron-Hybriden' werden von der **Rhododendronwanze** befallen. Blattunterseits saugen die Larven, weshalb oberseits gelblich-silbrige Saugstellen als Sprenkelung zu erkennen sind. Später sind auch die erwachsenen Wanzen zu sehen. Das saugende Insekt ernährt sich vom Pflanzensaft und schwächt die Pflanze dadurch. Zusätzlich treten Wachstumshemmungen auf. Bei schwerwiegendem Befall muss eine Bekämpfung mit einem geeigneten Pflanzenschutzmittel durchgeführt werden.

Der **Dickmaulrüßler** ist ein weiterer gefürchteter Schädling. Die Larven fressen an den Pflanzenwurzeln. Dadurch kann die Pflanze nicht mehr genügend Wasser aus dem Boden ziehen, die Blätter hängen schlaff herunter. Im Mai entwickeln sich die Larven zu Käfern, die sich nun von den Pflanzenblättern, Knospen und Trieben ernähren. Der charakteristische Buchtenfraß zeigt den Befall an, der nachtaktive Käfer selber ist tagsüber nicht zu sehen. Die Larven können im Boden gut mit Nematoden bekämpft werden.

In Kombination mit

Flieder &
Schneeball

Der intensive Duft des Flieders mischt
sich mit der Zartheit des Schneeballs.
Die beiden Gehölze sind eine herrliche
Ergänzung für jede Rhododendron-
und Azaleenpflanzung.

Formgehölze
mit klaren Linien

Der Schnitt von Hecken und Formgehölzen im Sommer ist unabdingbar, sollen sie in Form und dicht gehalten werden. Egal ob Kugel-, Pyramiden-, Kegel-, Kasten-, Säulen- oder andere Phantasieformen, hier ist handwerkliches Können gefragt.

Charmante *Schönheiten* in Form gebracht

Ländliche Gärten werden durch Heckenpflanzungen oder die Verwendung von Formgehölzen erst vollendet. Es handelt sich hierbei um Pflanzen, die sich durch Schnitt in verschiedene Formen, Strukturen und Figuren bringen lassen. Diese vom Menschen künstlich geformten Elemente sind der ruhende Gegenpol zu den sonst so wild und romantisch erscheinenden Beeten. Egal, ob Ihr Garten groß oder klein ist, mindestens eine Hecke sollten Sie pflanzen. Damit schaffen Sie einzelne Räume, die Spannung in der Gartengestaltung hervorrufen. Aber nicht alle Gehölze sind für den Schnitt geeignet. Vor allem wüchsige und schnittverträgliche Arten kommen hier in Frage. Sie dürfen nicht durch den Schnitt gestresst werden, sonst sind sie unter Umständen anfälliger für Krankheiten und Schädlinge. Das beste Beispiel ist der beliebte Buchsbaum. Frei wachsende, ungeschnittene Exemplare sind vom Triebsterben durch den Pilz *Cylindrocladium buxicola* weniger betroffen als geschnittene Pflanzen.

Pflanzliche
Skulpturen
im Garten

Egal ob Hecke, Kugel, Pyramide, Säule, Kegel, Spirale, Würfel, Kasten-, Dach- oder Spalierform, der Phantasie sind bei den Schnittformen keine Grenzen gesetzt. Alle Schnittformen sind sehr pflegeintensiv und müssen ja nach Art, Sorte und Schnittform ein- bis mehrmals jährlich geschnitten werden.

Jedoch ist Vorsicht bei der Auswahl und Anzahl der Pflanzen geboten, damit Ihr Garten nicht kitschig wirkt, sondern ein natürlicher Landhausgarten bleibt. Größe und Höhe der Pflanzung unterscheiden sich je nach Standort und Gestaltungsidee, z.B. die niedrige Einfassungshecke im Gemüsegarten und die große Eibenpyramide im Staudenbeet. Hecken können mit Durchgängen unterbrochen werden, über die die Heckenpflanzen bogenförmig gezogen weitergeführt werden. Kastenförmig geschnittene Rotbuchen gliedern eine große Rasenfläche oder spalierförmig gezogene Birnen bieten Sichtschutz zum Nachbarn und Naschobst für den eigenen Tisch. Anhand dieser wenigen Beispiele erkennt man, wie vielfältig diese Art der Pflanzenverwendung sein kann. Kreativität ist gefragt. Wichtig ist immer der Bezug zur Umgebung. In der Nähe einer Laube sollten herrlich duftende Sommerblumen wie Levkojen und Nachtviolen angepflanzt werden, die Pflanzung hinter einer niedrigen Einfassung darf ruhig etwas Wildes ausdrücken und eine lockere Staudenpflanzung hebt sich gut vor einer dunkelgrünen Hecke ab.

Bewässerung

Laut § 39 Abs. 5 Bundesnaturschutzgesetz ist es zum Schutz der heimischen Tierwelt verboten Bäume, die außerhalb des Waldes oder auf gärtnerisch genutzten Flächen stehen, Hecken, lebende Zäune, Gebüsche und andere Gehölze in der Zeit vom 1. März bis zum 30. September eines Jahres abzuschneiden oder auf den Stock zu setzen. Hier geht es um den Radikalschnitt. Der schonendere Formschnitt zur Beseitigung des Zuwachses oder zur Gesunderhaltung der Pflanze ist jedoch auch in dieser Zeit erlaubt. Prinzipiell kann eine Hecke oder ein Formgehölz also ganzjährig geschnitten werden, außer die Temperaturen sinken unter minus 5 Grad Celsius. Es sollte darauf geachtet werden, zu schneiden, wenn es für die jeweilige Sorte am wenigsten schädlich ist. Zwei Schnitttermine haben sich als praktikabel und günstig herausgestellt. Der Frühjahrsschnitt bis Ende März (vor dem frischen Austrieb) und der Sommerschnitt Ende Juni (Johannischnitt). So wird das Brutgeschäft der Vögel nicht gestört. Viele unserer heimischen Singvögel brüten in den Hecken und Bäumen auf unseren Grundstücken. Mitte Juni sind sie dann mit der Aufzucht der zweiten Brut fertig und ausgeflogen.

Schnittwerkzeuge

Für den Heckenschnitt gibt es zahlreiche Werkzeuge. Bei der Auswahl gibt es einiges zu beachten. Wichtig sind scharfe Klingen, gute Sägen und kräftige Astscheren. Dann geht der Schnitt leichter von der Hand und das Schnittbild ist sauber. Das wiederum ist wichtig, damit es nicht zu unnötigen Pilzinfektionen und unschönen Wucherungen kommt. Teleskopwerkzeuge ersparen oftmals den Leitereinsatz, was die Gefahr minimiert, herunterzufallen. Rosen- und Astscheren, sowie Sägen in verschiedenen Ausführungen sind die Grundausstattung für den Gehölzschnitt. Daneben braucht es für den Formschnitt Heckenscheren, die manuell verwendet werden, elektrisch angetrieben oder akku- und benzinbetrieben sind. Bei den Akkugeräten ist auf eine gute Akkuleistung zu achten. Sie sind zwar teurer in der Anschaffung als mit Benzin betriebene Geräte, aber leichter und unabhängig von einem Stromkabel, welches nur zu gern durchgeschnitten wird. Zwei weitere wichtige Vorteile sind weniger Lärm und keine Abgase in der Luft. Wer sich trotz bestens ausgerüstetem Gerätefuhrpark viel Arbeit ersparen möchte, der sucht Pflanzen aus, die nur einmal im Jahr geschnitten werden müssen.

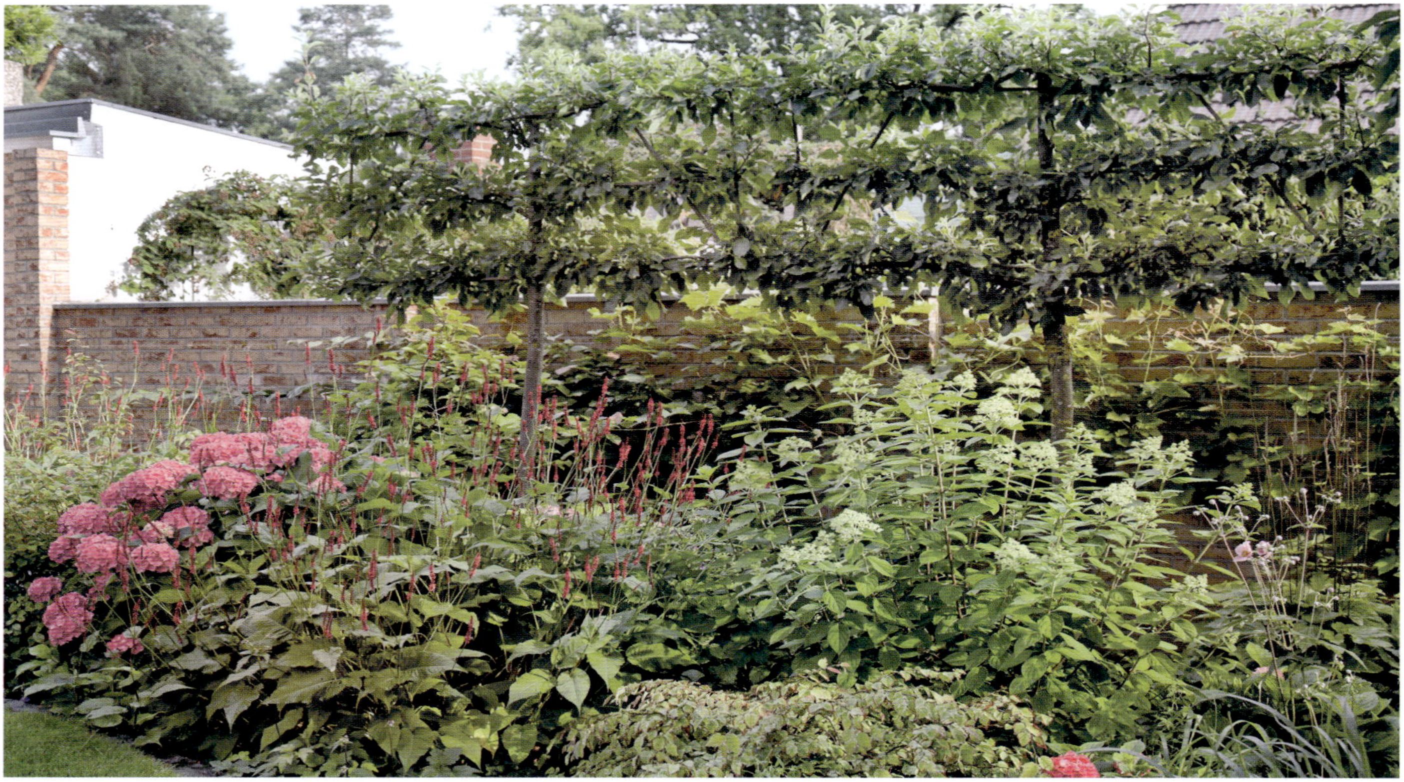

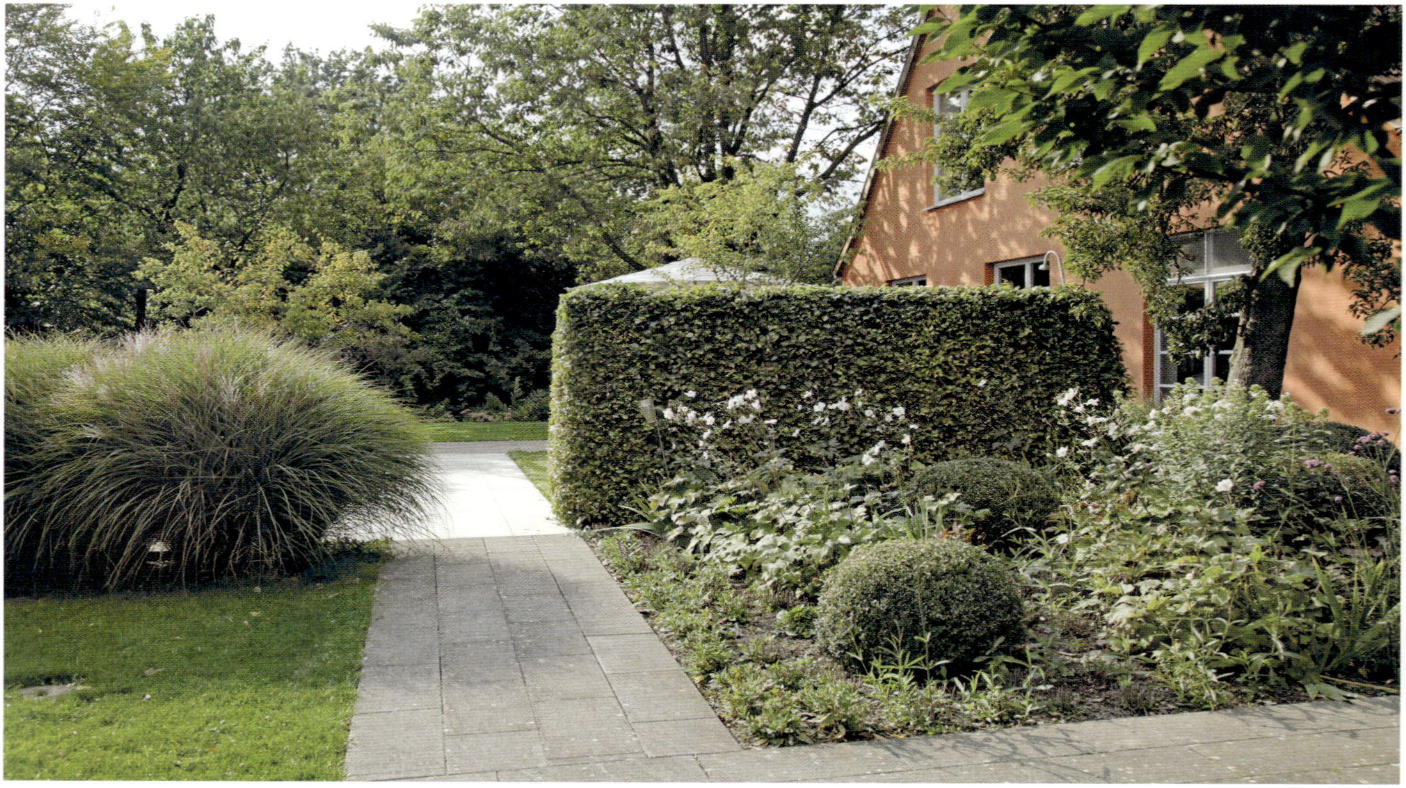

Tipp:

Ruheplatz im Schatten

Ahornblättrige Platanen eignen sich für den dachförmigen Schnitt. Bis zur Ausreifung der Form werden die Zweige mittels Bambusstäben in der Waagerechten gehalten. Der jährliche, senkrechte Zuwachs wird regelmäßig weggeschnitten. Dachplatanen eignen sich gut zur Beschattung von Terrassen und Sitzplätzen. Unter den grünen Dächern staut sich keine Luft, wie z.B. bei Sonnenschirmen, das Klima ist dadurch besonders angenehm.

Nützliche Dekoration –
die Sonnenuhr

„Mach es wie die Sonnenuhr:
Zähl die heit´ren Stunden nur!"
Dieses deutsche Sprichwort ist
uns allen bekannt.
Doch eine Sonnenuhr aus Metall
auf einer behauenen Sandstein-
säule sieht im Landhausgarten
auch zu allen anderen Zeiten schön
aus. Scheint die Sonne, zeigt uns
die Uhr mit ihrer Hilfe die Tageszeit
an. Als Zeiger dient der linienförmige
Schatten eines Stabes.

149

Hausbäume
prägen das Umfeld

Schon der Volksmund sagt:
„Im Laufe seines Lebens sollte jeder
Mensch ein Haus bauen, ein Kind
zeugen und einen Baum pflanzen".
So werden bis heute Bäume zur
Geburt eines Kindes, zum Anlass
eines Jubiläums oder runden
Geburtstages gepflanzt.

Der richtige *Baum* für mich

Nicht nur aus besonderen Anlässen werden Bäume gepflanzt, sondern auch weil sie eine besondere, symbolische Bedeutung haben. Die Eiche steht für Standfestigkeit, Stärke und Wahrheit, die Linde für eheliche Liebe, Güte und Gastfreundschaft und die Echte Walnuss wird als Symbol der Fruchtbarkeit gesehen. Was aber auch der Grund für eine Baumpflanzung sein mag: Fest steht, dass Hausbäume für Struktur und Behaglichkeit im Garten sorgen. Sie sind wertvolle Raumbildner sowohl für kleine als auch große Grundstücke.

Beliebt sind heimische Gehölze wie Rotbuche, Birke, Kiefer. Aber auch eingebürgerte Pflanzengattungen — zu denen Gingko, Trompetenbaum und Zeder zählen — stehen in der Beliebtheitsskala ganz oben. Gestalterische Aspekte und praktische Faktoren, wie die Endgröße der Pflanze, Licht und Bodenansprüche, sind wichtig bei der Auswahl. Auf kleinen Grundstücken im Privatbereich sollten kleinwüchsige oder schmalkronige Bäume bzw. größere Solitärsträucher gepflanzt werden.

Pflanzung

Wie schon angesprochen, ist die Auswahl der Baumart auf die Größe des Grundstücks anzupassen. Der häufigste Fehler besteht darin, einen Baum oder Solitärgroßstrauch auszusuchen, der früher oder später zu groß für die Umgebung wird. Die Pflanze benötigt genügend Raum, um zu wirken.

Hausbäume sollten immer eine Einzelstellung bekommen, frei im Beet mit Stauden und Kleinsträuchern unterpflanzt oder einfach in einer Rasenfläche. Wählen Sie eine vernünftige Größe, damit sie nicht die nächsten Jahre abwarten müssen, bis die Pflanze endlich ihren Garten schmückt. Ist die Auswahl getroffen und das Gehölz im Garten, muss es in ein Pflanzloch gesetzt werden, das mindestens 1,5 mal so groß ist wie der Wurzelballen. Bei verdichteten Böden ist eine entsprechende vorherige Aufbereitung notwendig, und nach dem Pflanzen eine Verankerung unerlässlich, damit der Baum senkrecht stehen bleibt und nicht permanent vom Wind entwurzelt wird. Optisch ansprechend sind unterirdische Baumverankerungen (Unterflur-Verankerung). Sie sind sehr effektiv und bleiben dauerhaft eingebaut.

Wässern

Damit neu angepflanzte, junge Bäume und Solitärsträucher kräftig wachsen können, muss während des ersten Vegetationsjahres regelmäßig je nach Bodenfeuchtigkeit gewässert werden. Im darauffolgenden Jahr kann ein Wässern in besonders heißen und trockenen Phasen ebenfalls notwendig werden. Bei immergrünen Gehölzen sollte in trockenen Wintern das Wässern zur Regel werden. Düngung und Pflanzenschnitt sind ebenfalls wichtige Themen, die zu beachten sind.

153

Die besondere
Ausstrahlung
der Bäume

Was fasziniert uns so sehr an Bäumen? Vielleicht fühlen wir uns ihnen so tief verbunden, weil unsere menschlichen Vorfahren Baumbewohner waren? Fest steht, dass das Leben der Menschen von Anfang an durch Bäume bestimmt war. Sie schützten vor dem Wetter, lieferten Holz für Möbel, Häuser und Feuer und gaben Früchte zur Ernährung.

Heute verwenden wir Bäume in unseren Gärten vorwiegend als Schmuck, der Baum als Lieferant steht nicht mehr im Vordergrund, die Funktion hat sich geändert. Schatten spenden, Atmosphäre schaffen und schön aussehen sind die heutigen Aspekte. Neben der Wuchsform können die Kronenform, die Blüten und die Herbstfärbung der Blätter weitere Auswahlkriterien sein. Lustig klingende Begriffe, wie schmaleiförmig, schirmartig oder schleppenartig überhängend, beschreiben das äußere Erscheinungsbild der Pflanzen. Dieses hat die intensivste Auswirkung auf das spätere Raumgefühl. Daneben gibt es auffällig blühende Bäume und Sträucher oder aber auch intensiv duftende und aromatische Exemplare. Je nach Blütezeitpunkt im Jahr kann die Präsenz des Hausbaums noch gesteigert werden. Frühe, vor dem Laubaustrieb blühende Gehölze, wie Zaubernuss und Felsenbirne, sind dann die konkurrenzlosen Stars. Geht das Gartenjahr langsam zu Ende, entfachen viele Pflanzen mit einer bunten Herbstfärbung ein wahres Feuerwerk, bevor dann der Winter einzieht. Von Hellgelb, über Knallorange bis hin zu tief Rot changieren die Töne. Es ist wichtig, bei der Planung alle Jahreszeiten zu bedenken und danach die Auswahl zu treffen.

Tipp:

Die Zaubernuss

Die ersten Farbtupfer im späten Winter sind immer die schönsten. Das triste Grau wird aufgebrochen. Die Zaubernuss ist ein besonders interessanter Winterblüher. In Gelb, Orange oder Rot leuchten die Blüten weithin sichtbar. Später im Jahr wirkt sie durch den markanten Wuchs und im Herbst erstrahlt das Laub leuchtend gelb. Durch ihr langsames Wachstum ist sie besonders für die Vorgartenbepflanzung geeignet.

Einladung zur
Gartenparty

Bunte Lampions erleuchten am frühen Abend im Baum, leise Musik fliegt durch die Luft, die Gäste sitzen gemütlich in den Gartenstühlen und alle genießen einen lauen Sommerabend. Es gibt Lampions in verschiedenen Größen und Farben, mit elektronischer Lichterkette oder Kerzenbeleuchtung.

Traum
aus Kindertagen

Es ist wieder Erntezeit. Die Kirschen müssen nun schnell gepflückt werden, damit die Vögel nicht alle Früchte aufpicken. Zur Rettung der Ernte ist das Anbringen von Vogelscheuchen im Baum weniger gefährlich für die gefiederten Freunde als ein Netz.

Obstanbau
früher & heute

Der traditionelle Obstanbau fand in früherer Zeit außerhalb des Gartens statt. Dafür wurden extensiv bewirtschaftete Wiesen, sogenannte Streuobstwiesen angelegt. Dort wuchsen hochstämmige Obstbäume verschiedenen Alters und mit unterschiedlichen Obstsorten nebeneinander. Der Name Streuobstwiese rührt daher, dass die Bäume ursprünglich meist mit einheitlichem Abstand in Reihen gepflanzt wurden, später aber durch Ausfälle der Bäume die Bestände lückenhaft wurden. Die Obstbäume sahen wie in die Landschaft „gestreut" aus. Die Flächen waren zugleich Grünland. Der Begriff Streuobst stammt erst aus dem Jahr 1975. Geprägt hat ihn der Ornithologe Ullrich, der in einer Publikation auf die besondere Bedeutung der Streuobstwiesen im Albvorland für den Vogelschutz hinwies. Gleichzeitig sind die extensiven Flächen ein wunderbarer Lebensraum für zahlreiche Schmetterlinge, Säugetiere, Amphibien, Reptilien, Spinnen und Insekten. Das Fehlen von Dünger- oder Spritzmitteleinsatz begünstigt eine hohe Artenvielfalt auch in der krautigen Vegetation.

Wuchsformen

Auf vielen Grundstücken ist heute nicht genügend Platz für eine große, naturbelassene Streuobstwiese. Die Züchter haben neben den Hochstämmen andere Stammformen wie Buschbäume (kleinwüchsige Obstbäume), Spindelbuschbäume (schwachwachsendes Obst), Halbstämme (mittelstarkwachsende Obstbäume) oder Spalierpflanzen gezogen. Und für die ganz kleinen Gartenräume gibt es die strauchförmig wachsenden Arten von Johannisbeere, Brombeere und Stachelbeere.

Stammpflege

An klaren Wintertagen kann die Wechselwirkung zwischen Sonneneinstrahlung und Nachtfrost zu Stammrissen führen. Junge Obstbäume haben noch keine schützende Borke gebildet und benötigen deshalb einen Rindenschutz. Besonders gefährdet sind Bäume mit glatter Rinde wie Walnuss, Pfirsich, Pflaume und Kirsche sowie junge Pflanzen. Der beste Schutz gegen Frostrisse ist eine Abdeckung mit Strohmatten oder Jutegewebe. Schneller geht es allerdings mit einem Weißanstrich mit Stammpflege-Farbe (Kalkmilch), erhältlich im Gartenfachhandel. Der helle Ton reflektiert das Sonnenlicht und verhindert damit, dass sich die Rinde stark aufheizt.

Schnitt

Obstbäume sind langlebige Pflanzen, die bei guter Pflege und richtigem Schnitt sehr ertragreich sein können. In den ersten Jahren steht nicht der Fruchtertrag im Vordergrund, sondern der richtige Kronenaufbau. Die Schnittmaßnahmen sind abhängig von der Wuchsform. Die Ertragsphase beginnt bei Hochstämmen oft erst ab dem 7. bis 12. Standjahr und hat ihren Höhepunkt im Alter von 30 bis 50 Jahren erreicht. Für das richtige Beschneiden gibt es Fachleute bzw. Fachkurse, an denen man teilnehmen kann.

Pflanzenschutz

Die wichtigsten Krankheiten bei Obstbäumen sind Feuerbrand, Obstbaumkrebs, verschiedene Pilzkrankheiten (z. B. Schorf, Mehltau, Kräuselkrankheit), Bakterienbrand/Sprühfleckenkrankheit und die Viruserkrankung Scharka. Daneben können tierische Schädlinge den Obstbäumen schaden. Frostspanner, Blattwanzen, Apfelwickler und Apfelblattsauger treten immer wieder auf. Die Kirschessigfliege ist dabei sich weiter auszubreiten und Wühlmäuse fressen gern die Wurzeln junger Pflanzen. Für jede Krankheit und jeden Schädling gibt es spezielle Maßnahmen.

Birnen sind bei Hobbygärtnern sehr beliebt, da sie mit ihren weißen Blüten vor dem Laubaustrieb sehr dekorativ aussehen. Durch ihren markanten, schlanken Wuchs sind sie schon von Weitem zu erkennen und leicht von anderen Obstbäumen zu unterscheiden. Die Früchte werden sowohl roh als Obst verzehrt, als auch zur Gewinnung von Trockenobst verwendet. Verbreitet ist ebenfalls das Entsaften, die Herstellung von Birnenkraut und Obstbränden.

Himbeeren sind schnellwüchsige Pflanzen und liefern nicht nur wohlschmeckende Früchte, sondern können auch reizvolle Hecken bilden. Es wird zwischen Sommer- und Herbsthimbeeren unterschieden, die jeweils ihre eigenen Schnittmaßnahmen benötigen. Grundsätzlich ist es einfacher, Herbsthimbeeren zu pflanzen und zu kultivieren. Man schneidet sie im Oktober/November bodennah ab und sie wachsen im kommenden Jahr wieder und tragen reichlich Früchte.

In Bayern, Österreich und Südtirol werden Johannisbeeren Ribiseln, in der Schweiz Meertrübeli, Trübeli oder Ribiseli genannt. Der Name Johannisbeere leitet sich vom Johannistag (24. Juni) her, um den herum die ersten Sorten reif werden. Es gibt rote, weiße und schwarze Johannisbeeren, die alle drei für Marmeladen und Gelees und Grützen geeignet sind. Der Anbau der kleinen Beerensträucher ist sehr einfach und funktioniert fast überall.

Die Quitte ist tausende Jahre als Obstbaum in Kultur. Ihre Blätter ähneln denen des Apfelbaums, haben jedoch eine behaarte Unterseite. Die großen apfel- oder birnenförmigen Früchte besitzen auf ihrer gelben Schale einen weißen Flaum. Roh sind die Quitten nicht genießbar, als Gelee oder Quittenbrot aber sehr beliebt. Die Farbe Quittegelb leitet sich von den Früchten ab und wird von Quercetin (lat. *quercus*, die Eiche) erzeugt, ein gelber Naturfarbstoff.

Klassische Pflaumen sind oft sparrig wachsende Sträucher oder Bäume. Die *Zwetschgen* sind eine Unterart der *Pflaume*, genauso wie die grünen Renekloden oder die gelben Mirabellen. Eine Pflaume ist kugel- bis eiförmig, das Fruchtfleisch schmeckt süß und saftig, lässt sich nur schwer vom Stein lösen. Zwetschgen sind von der Form kleiner, eher länglich und zu den Enden spitz zulaufend. Das gelbe Fruchtfleisch ist fester und trockener und lässt sich leicht vom Kern lösen.

Frisch gepflückte, reife *Brombeeren* haben einen köstlichen Geschmack. Da sie schnell verderben, müssen sie umgehend verarbeitet werden. Am einfachsten werden sie zu Brombeermarmelade verarbeitet oder eingefroren. Für den Garten werden meist stachellose Zuchtformen angeboten, die ein Spalier benötigen, um wie bei den Himbeeren viele Blüten und Früchte zu erzielen. Nach der Ernte werden die abgetragenen Ruten bodenbündig abgeschnitten.

Der *Apfel* gehört zu den bekanntesten und beliebtesten Früchten. Bis vor einiger Zeit waren alle Apfelbäume Hochstämme. Zum Glück gibt es heute Pflanzen in Zwerg- oder Buschform, die ebenso große Früchte tragen. So kann man auf kleinem Raum mehrere Sorten kultivieren. Bereits die Kelten und Germanen verarbeiteten die kleinen und harten Früchte des einheimischen Apfels. Den gewonnenen Saft vergoren sie zusammen mit Honig zu Met.

Die Zuchtformen der heutigen *Süßkirschen* stammen von der Wilden Vogel-Kirsche (*Prunus avium subsp. avium*) ab. Der Namenszusatz *avium* leitet sich vom lat. Wort *avis* (Vogel) ab. Er bezieht sich auf die Früchte, die gern von Vögeln gefressen werden. Die *Sauerkirschen*, auch Weichselkirsche genannt, ist eine eigene Art in der Gattung der Kirschen. Ein besonderes Erkennungsmerkmal bei allen Kirschen sind die länglichen Lentizellen in der Borke.

Feines Obst am
Spalier

In vielen kleineren Gärten ist heute kaum mehr Platz für eine Obstwiese, geschweige denn große Obstbäume. In dem Fall gibt es die Möglichkeit auf halbstämmige Sorten auszuweichen oder die Hauswand mit Spalierobst zu begrünen. Diese Anbauart ist also deutlich platzsparender und hat eine jahrhundertelange Tradition, sowie eine pflegeleichte Wuchsform. Ein regelmäßiger Formschnitt ist allerdings notwendig, damit die Blüten- und die damit verbundene Obstfülle erhalten bleibt. Für die Zucht am Spalier sind besonders Birnen, Apfel, Kirsche, Pflaume, Zwetschge, Weinreben und Kiwi geeignet. Wichtig ist nur, dass das Obst auf schwach wachsenden Unterlagen veredelt wurde. Damit sich die Pflanzen richtig in Form ausbreiten können, benötigtigen sie Rankhilfen. Diese gibt es aus Metall, Holz oder als Seilsysteme. Der Wandabstand sollte aufgrund der Obstlasten eher gering sein, jedoch ist eine ausreichende Hinterlüftung notwendig.

Leckerer *Holunderblütensirup*

Der Sirup aus Holunderblüten hat ein prickelndes Getränk zum Shooting-Star gemacht. Ein „Hugo" darf als Aperitif auf keinem Gartenfest fehlen. Denn der Mix aus Prosecco, Wasser und Holunderblüten-sirup ist die perfekte Erfrischung für warme Sommerabende. Der Sirup lässt sich ganz leicht selber herstellen.

Zutaten

20 Holunderblütendolden
2 l Wasser
2 kg Zucker
2 Päckchen Zitronensäure

Zubereitung

Die Holunderblüten am besten am späten Vormittag bei trockenem, sonnigen Wetter ernten. Dann sind alle Blüten geöffnet und ein süßlicher Geruch breitet sich um die Pflanzen aus. Vor der weiteren Verarbeitung die Dolden gut ausschütteln, um eventuelle Verunreinigungen und kleine Insekten zu entfernen, dann in eine Schüssel legen. Mit 2 Liter Wasser übergießen, so dass alles gut bedeckt ist und die Mischung min-destens 24 Stunden ziehen lassen. Die Blütenmischung dann durch ein feines Sieb abgießen. Die aufgefan-gene Flüssigkeit in einen Topf geben, den Zucker darin auflösen und die Mischung zum Kochen bringen. Dann die Zitronensäure zufügen und alles sprudelnd aufkochen lassen. Noch heiß in vorher abgekochte Flaschen füllen und sofort verschließen.

Blühender Frühlingstraum

Im vorherigen Herbst eingepflanzte Zwiebeln machen eine wilde Wiese zu einem wahren Erlebnis im Frühjahr. Doch es darf erst gemäht werden, wenn alle Blätter eingezogen sind. Das Farbspektakel lässt sich von unterschiedlichen Sitzplätzen aus betrachten.

Wilde Wiesen
Geplant und doch natürlich

Früher wurden Wiesen ausschließlich für die Viehhaltung bewirtschaftet, um sie im Sommer zur Heugewinnung zu mähen. Auch heute gibt es vor allem in England auf den großen Landsitzen diese Wiesenbereiche, jedoch dienen sie nicht mehr ausschließlich dem landwirtschaftlichen Gedanken. Oft liegen sie am Rand der gärtnerisch gepflegten Flächen, durchmischt von Wiesen-Margerite, Klatschmohn und Kornblume. Diese Wiesen werden vielfach von einem ganzen Wegenetz durchzogen, auf denen man die Natur durchwandern kann. Auch im Kleinen lassen sich solche extensiven Bereiche in unseren Gärten anlegen.

Mit dem Kauf einer Wiesenblumenmischung aus der Samentüte ist es aber nicht getan. Der wichtigste Faktor zum Gedeihen artenreicher Blumenwiesen ist der Boden. Nur auf mageren Böden kann eine dauerhafte Anpflanzung glücken. Nun ist der Zeitpunkt gekommen zu entscheiden, ob eine „echte" Wiese angelegt werden soll oder ein Beet mit wiesenartigem Charakter.

Garten-praxis

Wiesenarten

Auf kulturell genutzten Flächen sind auch nach Jahren noch so viele Nährstoffe im Boden, dass das Gras aggressiv wächst und die schwächeren Kräuter auf Dauer verdrängt. Für langfristig funktionierende Blumenwiesen muss deshalb in den meisten Fällen ein Bodenaustausch erfolgen oder jedes Jahr die Wiese neu angelegt werden. Vielleicht ist es auch eine Option eine artenärmere, wilde Wiese zu akzeptieren und in den Randbereichen Stauden wie Taglilie, Skabiosen, Margeriten und Schafgarbe zu pflanzen. Die dritte Möglichkeit ist eine wiesenähnliche Staudenpflanzung. Hierbei geht der wiesenartige Charakter nicht ganz verloren und es wird gezielt mit konkurrenzstarken Stauden, wie Wiesen-Storchschnabel, Lupine und Wiesen-Margerite, gearbeitet.

Geeignete Flächen

Obstwiesen sind besonders geeignet, das Gras völlig ungestört üppig wachsen zu lassen. Im Sommer, Mitte Juni-Juli, wird dann das Grün abgemäht, im Bereich der Baumscheiben bleibt es stehen. Ein zweiter Mähgang erfolgt in der Regel kurz vor der Obsternte. Der Vorteil einer zweimaligen Mahd pro Jahr ist, dass der Lebensraum für Insekten, Wildbienen und Schmetterlinge lange aufrecht erhalten wird. Das Mähgut wird immer entfernt und auf den Komposthaufen gebracht, da sonst die Nährstoffe aus den Gräsern zurück in den Boden gelangen würden. Eine nette Idee ist es z.B. einen frisch umgebrochenen Gartenteil mit Mohn oder Bienenweide zu besäen. So entsteht eine temporäre neue Grünfläche, die wiederum für die Insekten Lebensraum schafft, aber nebenbei zur Verbesserung des Bodens beiträgt.

Vorgehen

Wenn ein Bodenaustausch (Tiefe ca. 40 cm) nicht in Frage kommt, gibt es verschiedene Möglichkeiten dem Boden langsam Nährstoffe zu entziehen. Der Punkt Ausmagern durch Mähen und Abtransport des Grünschnitts wurde schon beschrieben. Kleine Flächen können durch „Placken" bearbeitet werden. Dabei werden Grassoden abgestochen und an anderer Stelle im Garten, wo es nicht auf Nährstoffarmut ankommt, wieder eingesetzt. Der Rohboden wird mit Sand oder Kies abgedeckt. Zum Abschluss müssen die nicht bewachsenen Stellen mit den gewünschten Arten eingesät werden.

Das grüne
Paradies,
natürlich und bunt

Nicht jeder mag die etwas ungezähmten und wild erscheinenden Wiesenflächen in seinem Garten haben oder aber das Platzangebot lässt es nicht zu. Alternativ kann eine bunte Wiese mit Frühlingsblühern angelegt werden. Wir denken schnell an Alpenwiesen voll blühender Krokusse, Rasenteppiche überfüllt mit Blausternchen oder die Bluebells in den englischen Gärten. Wilde Zwiebelblüher in Massen sind immer wieder beeindruckend. Damit dieses Bild im Garten entsteht, ist es notwendig, eine größere Anzahl von Zwiebeln auszubringen, die zum Verwildern neigen. Sie werden mit der Wurftechnik ausgebracht. So entsteht eine zufällige und natürliche Anordnung. Eine Pflanzung in Reihen sähe künstlich aus.

Schneeglöckchen, Krokusse und Hasenglöckchen verwildern durch Brutzwiebeln und Samen, beim Blausternchen entstehen schon nach wenigen Jahren aus den Samen blühfähige Pflanzen. Die meisten Narzissen eignen sich zum Verwildern auf Wiesen und vermehren sich über Tochterzwiebeln. Etwas später im Blütezeitkalender kommt der große Auftritt des Zier-Lauchs. Die Blühwirkung der großen Bälle ist überragend. Die verblühten Blütenstiele müssen bei den großblütigen Zwiebelpflanzen sofort abgeschnitten werden, damit keine Kraft in die Samenbildung gesteckt wird. Anders verhält es sich mit dem Entfernen der Blätter. Wiesenflächen, die mit Zwiebeln bepflanzt sind, dürfen erst gemäht werden, wenn das Zwiebellaub vergilbt ist, also etwa fünf bis sechs Wochen nach der letzten Blüte.

Tipp:

Geschwungene Wiesenwege

Wenn Sie durch Ihre Wiese einen Weg legen möchten, überlegen Sie sich vor dem ersten Schnitt, welche Führung sinnvoll erscheint. Nach dem Mähen sind Korrekturen noch lange im Jahr sichtbar. Die Wege sollten regelmäßig nachgemäht werden. So bleibt ein Kontrast zwischen der Wildheit vieler ungezähmter Gräser in der Wiese und des kurz gehaltenen Rasens auf den Wegen erhalten. Ein zusätzlich frei gemähter Bereich inmitten der Blumenwiese bietet Platz für mobile Sitzgelegenheiten. Hier lassen sich Insekten beobachten, Blumendüfte einatmen und die Sonnenstrahlen genießen.

Das individuelle
Gartentor
zum Nachbarn

Holz ist einer der wichtigsten Bau-
stoffe für unsere natürlich anmuten-
den Gärten. Warum nicht daraus ein
einzigartiges Gartentor bauen? So
wird der Schnack mit dem Nachbarn
über das Tor hinweg noch schöner.

Dank

Bücher können nur durch die Unterstützung vieler Personen entstehen. Wir danken daher allen Gartenbesitzern, die uns Zutritt zu ihren Gärten gewährt haben, sowie den Gärtnern und Landschaftsarchitekten, die uns ihre Projekte zur Verfügung gestellt haben. Darüber hinaus gilt unser besonderer Dank Dr. Susanne Paus und Peter Zweil, in deren wunderbarem Garten viele Bilder entstanden sind. Ein Besuch bei *Susan Island* in Bocholt lohnt sich sehr. Informationen finden Sie unter www.bluehende-paradiese.de. Auch die Gärten von Ulrike Hollborn-Stemmler und Eva Ehrich aus Steinhagen und Gabriele Keutmeier aus Oelde haben uns inspiriert.

Des Weiteren danken wir für die vielfältige Unterstützung von Annemarie Lükewille, Katharina Hoefs und Ralph Gronert, sowie dem Team von BusseCollection.

Zum Schluss gilt es auch, unseren Familien für die immerwährende geduldige Begleitung und den unermüdlichen Zuspruch zu danken.

© Busse Verlag GmbH, Bielefeld 2017

Idee, Fotos, Text, Layout: Karin Stückemann, Daniela Toman

Druck und Herstellung: DZS Grafik, Ljubljana/Slowenien

ISBN 978-3-512-04080-1

www.bussecollection.de

Karin Stückemann ist Grafikerin und liebt die Natur mit all ihren Facetten. Aus Freude an herrlich bunten Pflanzen und einer Unmenge davon gemachter Fotos hat die Hobbyfotografin ihre Idee, ein Buch über Landhauspflanzen zu gestalten, in die Tat umgesetzt.

Karin Stückemann
Grafikerin

Daniela Toman kennt die Gartengestaltung aus vielen Perspektiven. Die Diplom-Ingenieurin für Landschaftsarchitektur betreute als Bauleiterin die Anlage von Privatgärten und war am Aufbau der Premium-Marke »Gärtner von Eden« beteiligt. Heute ist sie freiberuflich als Gartengestalterin und Gartenfotografin tätig. Sie hat an mehreren Büchern mitgearbeitet.

Daniela Toman
Dipl.-Ing. Landschaftsarchitektur

Der Garten tut Körper und Seele gut!